中国电影人口述历史
The Oral History About Chinese Cinema
丛书主编 陈墨 张锦 边静

沧海萍踪

本卷主编 陈墨

李露玲访谈录

采访人 | 陈墨 受访人 | 李露玲

CFP 中国电影出版社

图书在版编目（CIP）数据

沧海萍踪. 李露玲访谈录 / 陈墨主编. -- 北京：中国电影出版社，2023.2

（中国电影人口述历史）

ISBN 978-7-106-05454-0

Ⅰ. ①沧… Ⅱ. ①陈… Ⅲ. ①李露玲—访问记 Ⅳ. ①K825.78

中国版本图书馆CIP数据核字（2023）第008563号

责任编辑：程 楠
封面设计：杨平平
责任校对：林 娜
责任印刷：赵匡京

出版发行 中国电影出版社（北京北三环东路22号） 邮编：100013
电话：64296664（总编室） 64216278（发行部）
64296742（读者服务部）Email：cfpygb@126.com
经 销 新华书店
印 刷 中国电影出版社印刷厂
版 次 2023年2月第1版 2023年2月北京第1次印刷
开 本 710mm × 1000mm 1/16
印 张 10.25
字 数 160千字
定 价 49.00元

《中国电影人口述历史》

编纂指导组成员

边　静　陈　墨　皇甫宜川　黎　煜

李　镇　吴　迪（启之）　张　锦　周　夏

特别鸣谢

傅红星　阎晓明　饶曙光　陆弘石　张建勇

序

■ 陈　墨

一

“中国电影人口述历史”，是由中国电影资料馆暨中国电影艺术研究中心和电影频道合作的，以采访和记录老一代中国电影人生平经历并作档案收藏为目的的大型采访工程。该项目于2007年正式启动，2008年全面展开，至2010年为采访工程的第一阶段；2011年起为采访工程的第二阶段。做口述历史，我们是后来者，其便利条件是可以站在前人的肩膀上，充分汲取先驱者的经验和教训；可以利用后发优势，使我们的工作做得比较顺利、有效，且有一点特色。

我们的项目名称是“中国电影人口述历史”，而不是“电影口述史”。作为电影资料馆人，我们做口述历史采访的目标，是要作为档案收集，让受访人做生平讲述，包括其电影从业经历、社会人生经历、个人生活与心灵成长经历三个向度，建立电影专业史、中国社会史、个人心灵史三者合一信息档案。

"中国电影人口述历史"采集电影人记忆档案，固然是留赠后人，也应尽可能服务于当下。为此，我们和中国电影出版社合作，申请到国家出版基金资助，将陆续出版"中国电影人口述历史"30卷。我们采取了四种分卷形式，即单人卷、单位卷（多人）、专业卷（多人）、专题卷（多人），目的是在深度与广度、丰富性与多样性之间获得平衡。

二

口述历史采访及其录音抄本的编纂，依据不同的目标，自有不同的重点、方法与形式。"中国电影人口述历史"的编纂，在篇幅允许的前提下，希望我们能够做到，录音编纂抄本展现五个方面的内容：一是受访人电影从业史及与电影相关内容。二是政治运动经历及社会环境变迁的情况，由此展现电影人在怎样的环境中工作，以便理解他们为何及如何工作。三是个人生活史，是社会史的资料。四是个人心灵史或个性成长史，看社会环境如何塑造个人及个人如何与社会环境和社会关系互动。五是在确保对话信息清晰可感的前提下，不仅展现受访人"说什么"，也尽可能保留其"怎么说"，尽量保持口述历史采访的现场感及对话者的个性言语特征。在实际编选过程中，会因为采访方式、资料丰歉、编选方法、篇幅容量的不同而产生不同的变体形式。

这套书有须共同遵守的编辑体例。具体如，1. 每个访谈都必须有一些常规项目，例如采访人、受访人、摄像师姓名，采访时间、采访地点等。2. 保留采访人和受访人对话问答形式。3. 编纂抄本必须以原始抄本为依据，如有修订必须用括号标示。4. 编者可以做必要删减，但须保持对话语意的完整性。5. 尽可能保持受访人说话的言语特点。6. 编者应针对访谈录中须加解释说明的地方做出注释。7. 每个访谈录后面都必须有《采访人手记》，提供必要的工作说明。8. 每册书后，须有分册主编的《编后记》，说明其编选方法及理由。

除上述必须遵守的基本体例之外，在编选理念、编辑方法、技术技巧等方面，我们鼓励分册主编按照自己的思考和认知进行探索和创新。

三

这套书采取分册主编负责制度。分册主编人选，大多是“中国电影人口述历史”工作团队成员，包括张锦研究员、李镇研究员、黎煜博士、边静博士、周夏研究员、黄德泉研究员、蒙丽静博士、李相先生、王霞女士、彭琨女士、苗禾女士、赵正阳博士和我本人。我们还聘请了张震钦研究员、刘桂清编审等资深专家，孙劲松副研究馆员及《当代电影》檀秋文编审等担任分册主编。

“中国电影人口述历史”的采访和出版，首先应该感谢授权我们出版其访谈录的所有前辈电影人！

我们曾得到过程季华、罗艺军、李少白、马德波、孟犁野、戴光晰等学界前辈，北京电影学院郑洞天教授、陈山教授、钟大丰教授，复旦大学周斌教授，中国传媒大学胡克教授，中国艺术研究院影视所所长丁亚平研究员，北京大学李道新教授，上海交通大学李亦中教授，西南大学虞吉教授，电影史家翟建农先生，山西社科院丁东研究员，中国青年政治学院邢小群教授等人的帮助和指导，在此向诸位专家表示衷心感谢！

“中国电影人口述历史”计划得以顺利实施，要感谢电影频道慷慨资助；要感谢阎晓明先生、陆弘石先生！

感谢中国电影资料馆前任馆长傅红星、前副馆长饶曙光、前代理馆长张建勇及现任馆长孙向辉！感谢倡议者和领导者皇甫宜川研究员！感谢最先探索者启之研究员！感谢李迅研究员、李一鸣研究员、单万里研究员！感谢中国电影资料馆办公室、离退休干部处、财务处等所有支持和帮助过口述历史工作的同事们！

感谢所有担任过“中国电影人口述历史”摄像、录音工作的在读或已毕业的、本中心及外校研究生同学们！

最后，要感谢中国电影出版社！感谢所有为之付出的人！

目录

李露玲访谈录

采访人	陈　墨
摄　像	丰云鹏
录　音	丰云鹏
采访时间	2010年12月2日至11日
采访时长	18小时
采访地点	北京北影小区·李露玲家中

【受访人简介】

李露玲

（1923—2012），女，原名李世玙，湖北沙市人（今湖北省荆州市沙市区）。演员、导演。1938年15岁时投身抗战宣传（入51军114师宣传队），后退出，至重庆育才学校学习。后至桂林，加入新中国剧社，参与《南山之什》《英雄的插曲》《秋声赋》《再会吧，香港》《钦差大臣》《日出》等演出。随新中国剧社（改名建国剧社）至香港，担任歌剧《白毛女》主演，并参演《风雪夜归人》《野火春风》《风雨江南》《冬去春来》等多部电影。新中国成立后，至北京担任表演艺术研究所助教，后调入“北影”演员剧团担任演员、导演，排演独幕话剧多种。1961年调辽宁省儿童剧院，先后在沈阳、朝阳等地剧团担任导演。1981年回到北京电影制片厂。参演电影《霹雳贝贝》、电视剧《家有仙妻2》等。2000年加入中国共产党。2012年1月因病逝世，终年89岁。

家庭与童年

陈墨（以下简称陈）：李老师您好！感谢您接受我们的采访。咱们就像聊天那样，好不好？先请您说说您的家庭、您的童年。

李露玲（以下简称李）：我的家庭，用现在的话来说，就是一个手工业者家庭，也算是劳动人民出身。湖北出竹子，我祖父就把竹子拿来，把竹子破开，竹子心的东西不要，就要竹子皮，竹子皮做成箩筐、买菜的篮子、插筷子的竹筒，反正做与竹器有关的这样一些用具，做了之后就卖。所以我也不知道划阶级应该怎么划？手工业者，这个比较准确，我是这么想的。

我家在湖北沙市，那个地区我还记得，从便河乘 15 分钟车就可以到荆州，三国的荆州。我现在记忆还很清晰，那个地方关公遗迹非常多。我看见关公的马槽、关公刀，在这儿卖。我祖父在便河的边上，拐角的地方，有这么一间房子，就在那里做生意。他一边做一边卖。我们不住在那里，住在沙市的大赛巷，大小的大，比赛的赛。住的民房。我祖父一定要改变我们家庭的状况，就觉得家境太苦了，不能再叫儿子继承这个事业，一定要把他送到一个像样的铺子里做学徒。要改变家庭的状况，那么就把我的父亲送到钱庄去当学徒。如果我没有记错的话，我记得那个钱庄的名字：裕源长。当我比较有记忆的时候，我父亲已经爬到老板的那个位置。

陈：老板？老板是拥有资产的人，经理是管理资产的人，是哪一种？

李：那就是经理。家的生活已经比较好了。我们从来也不去爷爷那里，爷爷也不住在那里，只是白天去经营一下，晚上回来。家庭是属于这样一个家庭。我认为是比较和谐，也是很幸福的这么一个家庭。

我父亲是一个什么样的人呢？是我们家的一个大人物，那可不得了。父亲不经常回来，一个月能够回来一两次就不得了。明天父亲要回来，算家里大事一桩，屋子要收拾得干干净净的，从大人到小孩儿，尤其是我们，衣服要换得整整齐齐的，要换最好的衣服，不仅是干净，还要整洁好看，因为爸爸要回来了。钱庄在沙市本地，父亲住在裕源长铺子里边，平常不回家的。他回来一般都是下午，回来之后坐一坐，吃晚饭，我可希望他回来了，这一顿晚饭绝对有好吃的。吃完，他就回他屋里去了，我们就不管了。第二天中午饭也是好吃的，绝对好吃，平常吃不着的，一定有肉。吃完了，铺子里面有生意，他就回去了；如果没有生意，顶多再住一个晚上。一个月有这么一两次。他的名字叫李瑞卿。他喜欢我，喜欢到什么程度呢？派一个徒弟回去："我没有工夫回去，你给我把小瑞卿接来。"就是我。"把她接来，我要看看她。"那个徒弟就把我带到他的铺子里去，待这么一两天，完了又回家，又是不得了的一件大事。这是我对我父亲唯一的印象。

陈：您的生日是 1923 年 3 月 8 日，这个日子是阴历还是阳历？

李：我是阴历的三月八日，参加工作以后，就填的阴历。后来离休，管事的人说"你别弄阴历好不好？我为了你还要去翻阴历牌，你就 3 月 8 日得了，不就是一个生日吗？"他们就给我开玩笑，"你也不对八字，你要这个干什么？"我说行。改成阳历的 3 月 8 号，提前了一个月左右。

我三四岁的时候，祖父就死了。祖父不闭眼睛，这个眼睛说什么也不肯闭，不闭，就不能盖棺材盖子。那怎么办呢？他们又说了——我的小名叫金儿，他们给我算命，说是癸亥年生，亥时生——说我是亥猪，说他们喜欢亥猪，抱着我跟我说，去跟你爷爷说说，你就说："爷爷你放心走吧！我们挺好的。"反正说这一类的话。我说好。他们就抱着我，我就摸摸爷爷的眼睛，也闭起来了，完成任务了。不怕。反正死就死了，要摸眼睛就摸眼睛吧，没有什么不得了。

这一件事情就过去了。这是三四岁的时候。你知道我们沙市房子的结构，是一进、两进、三进。我们住在最后一间。最前面的一间是一个斋铺，你知道什么叫斋铺吗？就是现在的稻香村，专卖点心的。点心，我们家里买不起。他要卖酥糖，酥糖好吃，那个酥的他卖掉，掉落的碎皮卖不出去了，他们自己内部自销，特别好吃。我们家里也爱吃，我也爱吃，确实特别好吃。我四五岁的时候，我的父亲在铺子里，家里就四个女人，奶奶、妈妈、姐姐、我。有一天晚上，大概六七点钟，当时感觉很晚了，她们说，想吃酥糖。那现在谁去买？除了金儿，没有别人，他们将我的军。姐姐她们要吃，只有金儿买，没有别人去买，我们都想吃。那我想，我就去买，那有什么？我就去，我拿了钱就走。我们住在最后一进，中间经过一进，最后再到门口。中间这一进死了一个人，放在棺材里面，棺材要在院子的堂屋放三个月，放三个月才出殡。而且在棺材的头上有一个碟子，里头放一点油，一根灯草，要点的。我就去。我轻轻地走，我走得重一点，“哗啦”地响，是什么东西？我想大概是什么东西绊到我脚上了，我快点跑吧。跑，响得更厉害了。真有点害怕了。怎么回事？什么东西？不买了，回去吧？不行。那多丢人？简直太丢人了！不能回去。硬着头皮往前跑，跑去把糖买着了，钱也给清楚了，把糖拿着了。一直跑回来，就一个东西，跟着我，哗啦、哗啦，一直跑到家。跑到家，我把东西往他们身上一放，就躺在床上，就不知道了。半夜发烧了。你知道他们怎么捉弄我吗？我小时候梳辫子，梳两条小辫子，她们在辫子上拴一根丝线，丝线的尾上拴一片荷叶。我们家乡买东西，都是用干荷叶包，没有什么纸的，他们拴一片干荷叶。一走动就带着哗啦、哗啦响，我走得轻就响得轻。她们捉弄我，拿我开心。我胆子最大了，小时候，什么都不怕。她们就说试试她，看她到底怎么样，能不能买回来。半夜发烧了，她们才着急了。不知道她们怎么弄的，反正第二天也就没有事了。这件事情后来叫我爸爸知道了，回来把她们训的！“你们怎么可以这样？怎么可以跟她开玩笑？”反正说了她们一顿，我得意极了。我看你们那么怕爸爸，爸爸还是向着我，喜欢我，你们做错了。这件事，我现在想起来，好像重演一遍似的。

父亲三十来岁就回家来了，我 10 岁的那一年，这个我记得很清楚。我 9 岁的时候，我父亲就说了：“明年是我金儿 10 岁，我妈妈 50 岁，我要给她们俩人合起来做 60 岁。”我们住三间房，有一个叫厢房，你知道吧？中间是中房，是正式的房子，这个是我爸爸住的。后边是后房，是我跟奶奶两个人住的。我爸爸不回来的时候，我姐姐永远是跟妈妈住。

厢房，有的时候，爸爸也回来住，不回来就那么空着，就是这样一个状态。反正10岁那一年，我父亲就回来了，回来就病了，病了之后就看病，这个时候就说到我的母亲。

我这一家人，我母亲给我的印象比较深。我觉得我母亲是封建思想的一个牺牲品。这一家人所有的活，她全包，家务，洗衣服、做饭、收拾屋子，全是她的活，没有话说的。我父亲病了，吃药也不好，他们那个时候，叫"割股"，你听说过吗？要半夜起来，诚心诚意地点好几炷香在院子里面，对着香磕头，磕完了头，准备好一把剪刀，用嘴咬着胳膊这一块肉，一剪子下去，把这块肉剪下来，搁在药里一块熬，熬了喝下去，据说病就能好。我妈妈确信无疑，就这么干了。结果吃了也不见好，父亲就这么去世了。那个时候我10岁。对我来讲，并不像书上形容的那样，像天塌下来似的，不得了。没有什么感觉，就是人死了。在那个时候，人活30岁就多得不得了①，大的就应该死。男孩子要守灵，要跪在棺材旁边跪三个月，我们家里没有男孩子，怎么办呢？就是女孩子，我就跟姐姐两个人守着我父亲，3个月。姐姐害怕得不得了，我不在乎。守了3个月，就把父亲出殡了。父亲刚走的时候还不觉得，家里虽然没有房子，也没有土地，可是家里零用钱还是有一些吧，还有一点积蓄。没有感觉到生活有什么变化。

我父亲在的时候，送我上私塾，大概在我八九岁的时候。父亲死了以后，也许我还上了一年私塾，后来交不起学费，就不上了。这个事我感觉到有点影响，到了10岁的时候，我就等着跟奶奶两个做60岁。我这个时候才有感觉，没有父亲，10岁也不做了，50岁也不做了。到了私塾，读了一年，交不起学费，我才感觉到没有父亲简直是不行。

记得这个时候，我过完10岁，我奶奶过完50岁，大概就是五十几岁的时候，我就一直陪我奶奶睡，我的任务就是抱着奶奶的脚，给她取暖。那一天晚上，我抱了一夜，她的脚也不暖。第二天早上起来，我就告诉我妈。我说："妈，我今天没有给奶奶的脚捂好，她的脚不暖和。"

---

① 意思是说，那个年代，30岁年龄就显得很大了，对孩子而言，就是年岁"很多"。

我妈妈就起来看看，奶奶已经去世了。去世那一天，是腊月三十晚上，不敢吭气，对面还住着邻居，人家要过年，就不准我们说。姐姐也不准说。就这样子守了三天。到了第四天的时候，买了一个棺材，就把奶奶也出殡了。

那个时候家庭已经败落下来了，也就是一般穷人的样子，是因为家庭的关系，好像不用摆这个谱了。大出殡是一件大事，亲戚，每一个人都要发一块白布，很隆重的。我奶奶这次就没有，就买了一个棺材，就这样给送走了。从此之后，就是我们母女三人——我还没有说完——我不是就陪着我奶奶这么睡吗？奶奶那个时候身体已经不太好了，也弄一点药吃吃，我妈妈又来了一次“割股”。我为什么说她是封建思想的牺牲品？你已经来过一次了，没有效，那就算了。不行，要尽这个孝道，又咬一次，结果没有效果。咬了之后，你知道那个时候的医务条件，没有任何药物，就是在烟灰缸里边抓一把烟灰一按，现在想想，那个烟灰是消毒的，因为是烧过的，所以就是靠那个烟灰。后来我看见我妈妈这两个疤，就是这样的。这是我对我妈妈的印象。我对我奶奶，没有什么印象，奶奶就是：“金儿，来给我捶捶腿、捶捶背！”这个她最开心了。这是我唯一要做的事情。

我对我的姐姐印象是最不好的。这是一个很普通的女学生吧，我的妈妈尽了全力，用她自己的话，扁担掉下来一个“一”字都不认识，这个年头不可以，一定要培养我们读书。把姐姐送去读中学，读中学还不算，还把她送到汉口去读中学，不得了，进省城去了。姐姐回来了，就在我们沙市县立二小教书。这个县立二小不像我们现在，进小学就要比哪个小学怎么样，还得托人情，还要花钱，赞助金这一类的，没有。县立二小就是公家办的，当地办的这么一个小学。你就去，很少花钱就可以上学了。我父亲死了，交不起私塾的学费了，我就被保送到这个小学去了。我的姐姐就在那个小学教书，我们家的情况就有一些好转了。她去的时候就恋爱了，恋爱也无可非议，也该恋爱了。爱上了谁？爱上了二小的教导主任，教导主任那个时候，是三十好几了，在我看，他是一个老头。这也不说，而且教导主任是农村来的，家里还有一个老婆，也没有跟那个老婆离婚，就又要跟我姐姐结婚。我母亲就只有两个女儿，我们李家烟火断了，没有人续烟火，要有一个上门女婿，就招他来我们家，这位姐夫也就同意来我们家，他们很隆重地办了一个婚礼。我就反对，很厌恶，就觉得不好，就瞧不起我姐姐，给人家当小老婆，有什么好？还弄了一个老头子。那天婚礼，我就没有参加。那一天，我都不在家。这也是轰动所有亲属跟朋友的新闻，我故意不参加，公开表示不同意。这个在当时已经传为一种奇闻，金儿竟然没有参加，说我厉害，说我真有主意。我妈妈也拦我，没有办法，我小时候不太听话。

陈：您姐俩平常的交流好吗？

李：也不怎么交流。她跟她的那些朋友玩，我跟她们玩不到一块儿去。不一块儿玩，我有我的朋友。我没有穿过一件新衣服，都是她穿不下的衣服给我穿的。我不是跟妈妈提出意见了吗？我说你给我穿过一件新衣服吗？我现在都这么大了，都上初中了，你还不给我一件新衣服穿？妈妈想想也对，不就给我两块钱嘛。我很高兴的，妈妈给了两块钱，要我出去买衣服去。我小时候有一个最好的朋友，最好的同学，从小学一直到初中，我们俩都好，叫余明英。

陈：这个名字我熟悉，后来是路翎夫人，是吧？

李：那是我撮合成的。我们俩出去买，这一家看看，那一家看看，比较着看哪个最喜欢。最后看到最喜欢的那一家要买，这个钱，怎么也出不了这个手，舍不得。一出这个钱就想起，我母亲早晨起来，用那个碗舀米，那个碗碰到缸的声音，有米，就没有那个声音了。一出钱就出现那个声音，这个钱怎么也出不去，照样拿回来，把这个钱给妈妈。妈妈当时一愣，拿了钱，什么也没有说，坐在那儿默默掉眼泪。我站在那儿，也不知道说什么，反正那个时候心里好像还比较高兴。我觉得我做了一件很对的事情，就是这种感觉。要是我现在当导演，要处理这么一个场面，准是两个人抱头痛哭。当时没有，我的家庭生活习惯，没有抱头痛哭，绝对没有。我们家庭的生活状况跟文化水平吧，就这么个状态。

你要说这些好玩的事情，还有一些。家里不是没吃的吗？就馋，跟姐姐馋极了。有一回家里要请客，我们湖北最喜欢吃排骨熬汤，有排骨熬汤，还有一条鱼，完了还有肉，摆了一桌子。那个客人怎么也不来，我跟姐姐两个人看着，实在馋得不行了，我就跟姐姐商量，我们先吃一点，没关系的。我们就先吃一点，吃着吃着，半条鱼吃没了。有办法，把鱼翻过来，一看一条整鱼，没事。等客人走了，妈妈逮着我们俩人唠叨，首先是骂姐姐，你带头，她好吃，你也跟着她啊！？我妈妈不打人。我这一辈子没挨过打。也没有打过人。我的孩子我碰都没有碰过。姐姐挨骂比我多，永远是：你是大的，你不会带头？她小不懂事，这样的。[①]

陈：您小时候裹脚吗？

李：裹脚在我们沙市，那个时候已经不是十分流行了。也裹脚，比方说我姐姐比我大 3 岁，当然比我先裹脚，姐姐没有像我这样敢于反抗，就裹了。裹完的时候，我就开始出主意，快剪掉。我们俩偷偷就给放掉了，所以姐姐那个脚是一种放大脚。给我裹的时候，我就不愿意，我不要，我看见你们那样子，你们会走路吗？你走得过我吗？我不要！妈妈说："你不裹脚，一辈子嫁不出去！"嫁不出去就嫁不出去。不裹！你裹了我也拿掉！她知道管不住我，后来也就算了。

陈：这是您的性格。接下来说您上学的事，从私塾开始。

李：我刚才说了，《女儿经》《百家姓》，就读了这么两本。后来父亲死了，交不起学费，就不去了。私塾是一个老头老师。同学也就是十几、二十个，好像没有男孩儿，就是女子私塾。当然，男孩儿也不会念《女儿经》。主要就是背课文，也不给你讲解意义，这一套都没有的。就认字、背书，就这样。不就认几个字，背一下子吗？我也没怎么死读书，我都记下来了。我怎么跟你说呢？我现在八十八了[②]，你觉得我有一点痴呆吗？我小时候就是这样，他们都说我聪明得不得了。我小名不是叫金儿吗？你知道他们怎么叫我？精精怪。是这样。我不是跟你说过一个笑话吗？也就一块儿说吧，无所谓的。我到了初中的时候，在沙市不知道怎么样看了秀兰·邓波儿一个电影，我也去看了。他们怎么称呼我呢？我们沙市的秀兰·邓波儿。小大人，很可爱，这么个意思。

陈：看秀兰·邓波儿的哪部片子，还记得吗？

李：不记得，就记得有这么一个小女孩儿。就是看过这么一部片子。

---

① 这一段是采访时后面说的，编纂时调整至此。

② 2010年采访时，口述人年满87岁，虚岁八十八。

陈：沙市有几家电影院？

李：一个。我看的第一个片子就是《火烧红莲寺》，跟姐姐去看的。我就看过一次《火烧红莲寺》，看过一次秀兰·邓波儿的，跟同学一块儿去的，大概也不是我买的票，他们领我去的。反正看完《火烧红莲寺》回来，就觉得不得了，都跟真人一样，都是真事，就是这样。什么内容的震撼，说不上的。

陈：《千家诗》《论语》都没念过，是吧？

李：我读的哪里有那么深？我告诉你，我说我不是书香门第。“女儿经，仔细听，早早起，出闺门。”我就背这个。

陈：是80年前背的，现在还记得。当年描红吗？

李：写字描过红。绣花我也会一点。10岁以后，我的鞋底都是自己纳的，鞋帮不会做，鞋帮是妈妈做的，鞋底一定要自己做的。

陈：您刚才说描红有一个故事，是指什么？

李：那是在小学，我以为你说女孩子第一次来例假，描红。觉得身上都是虱子，怎么回事？一看流血了，害怕了。我小学五年级、六年级，我14岁。我就哭了。哭了也不敢说。等放学回去，放学回去也不吃饭。不能大哭，让人看见有问题怎么办？觉得我做错了事，害羞了。回家我就躺在床上，不吃饭，就哭。妈妈就问：“哭什么？什么事？你说清楚。”我说我再也不赛跑了，我再也不跳高了，我再也不怎么地了。妈妈说我没有不让你赛跑，没有不让你跳高。我小时候爱运动。那怎么回事呢？我就说出来，妈妈就乐了，这才教育我，女孩子如何。今天这么说吧，我回忆我的家庭，我的父母对我究竟有什么影响？说一些很大胆的话，对我，除了让我过很简朴的生活以外，别的对我没有任何影响。我的祖母是一个佛教徒，很虔诚的佛教徒，我觉得挺可笑的，也不吃一块肉，一天到晚就上和尚庙里去。有一个章华寺，我现在还记得很清楚，那个寺庙很大，一进去有四大天王，我害怕极了。一定要看清楚，这个干什么，那个干什么，奶奶就给我讲这些。看好多和尚在那儿念经，吃饭一声也不吭，一大排，觉得挺有意思的。这是我的奶奶，我的妈妈跟着我的奶奶，也信佛，我妈妈吃花斋[1]。我的姐姐干什么呢？她信奉耶稣，还去做礼拜，还跪在那里说这说那，还有秘密跑到那里去忏悔。基督教。我觉得挺可笑的，我一样不信。

你知道我信什么吗？我看什么吗？《福尔摩斯》。我都入迷了，怎么这么好看呢？我好像在小学、中学都不断地在看，看了之后我还在家里侦查，我真破过案子。有一天我妈妈正要做针线活，那个针找不着了，急死了。她说针不是别的东西，怎么办呢？着急得不得了。我说你着急有什么用呢？你刚才坐在这儿做活，后来你又干什么了？她说有什么事。我就问她，我看《福尔摩斯》，知道逻辑运用，我说我来替你找找。我就沿着她的这个路线找过去，后来真在一个地方找着了。大概有什么急事，就随便一插，插在一个根本不应该插的地方，真是破了这么一件“案子”。她们就喊我小精精怪。她们也挺喜欢我的，逗她们乐的这么一个小孩儿。

小学我不是告诉你吗？我就爱赛跑，爱跳高。你别看我人矮，腿短，我两条腿倒腾得快，我平常走路也是这样的，我走得比谁都快。参加学校的运动会绝对是拿前几名没问题的。凭良心说，这个家庭也好，这个小学也好，除了赛跑跳高，我没有得到什么。我家庭对我的影响，使我能过朴素的生活。这一点妈妈是对我交代又交代，你知道我们上那个学，中午这一顿饭是不会去吃的。有钱的人家，以前有一种饭盒，一格、两格、三格，这么一拎，好多同学都是这么送的。我永远没有过。我只有一个玻璃瓶子，带一些什么呢？不是黄瓜就是蚕豆，这就是我的中饭，南瓜，既是饭也是菜。“你不要跟同学一起去吃，人家吃饭咱们不要看，我们家里只能吃这个，坐在自己座位上好好吃，有同学来叫你去，你也不要去，人家带着饭只够自己吃的，不够别人吃的，你要吃了，人家就没有了，你知道吗？”印象很深。当时绝对是遵守这个。所以我就说，我能过很朴素的生活。到现在为止，我没有随便花钱这个习惯。多少年的习惯，改不过来。家庭对我的影响，这一方面很深的。

陈：您小时候的功课怎么样？有问题吗？

---

① 佛教徒持斋的一种方式，通常是“六斋日”，即每月初八、十四、十五、二十三、二十九、三十（小月二十八、二十九），这六天，要吃斋念佛。

李：我最棒的是音乐，全校第一没问题。有一个手风琴[1]，用脚踩，发出的声音是风琴的声音，老师教你唱歌。不教简谱什么的，就教你唱个歌，把这个歌词写下来，他唱一句，我们跟着唱一句，等你能够唱完整的歌，这个音乐课就算上完了。只要他教一次我就会了。全校有时聚会，要唱歌什么的，独唱领唱都可以的。

我上中学就记得这么一件事情，我这个中学也不简单，沙市有一个沙市公园，沙市公园对面开了一个新沙女中，盖了两层楼的小洋房，是谁办的呢？是耶稣教办的，教会学校。管那个学校的，都是外国尼姑。我就上了这么一个学校，虽然是一个所谓贵族学校，但是收钱并不多。他们要扩展他们的文化，所以他们做这样的事情。我就上了这个学校，没有考试，但也问几句话，问我读过什么。好了，你可以来了，这样的。

我在初中，我到现在也不能忘记，那天上课，上语文课，也不叫语文课，叫国文课，老师在黑板上写了两个字："抖擞"。"大家认识吗？""认识。""认识什么？""抖擞。""都认识了？那好，你们都认识，谁上来给我们解释一下这是什么意思？"那时候也没有人举手，我知道，我举手了。老师很高兴，说，好，李世玙知道，李世玙说——我那个时候还叫李世玙——我站起来了，我是满怀信心，我就说了，我说穷人家的孩子冬天没有衣服穿，冷极了，冷得他没有办法，浑身发抖。我还没说完，全场哄堂大笑。我心想怎么了？我说什么了？干吗要乐？还不知道。同学们还嘀嘀咕咕地乐。后来老师说不要乐，李世玙是说错了，她说了完全相反的意思。老师就把精神抖擞好好地解释了一下。我就下不了台。老师说："李世玙是说错了，但是有一点，她很勇敢，你们不觉得她很勇敢吗？她要不说出来，她自己错了都不知道，她说出来了，我们教会了她，她知道自己错了，她会记住，这不也是好的吗？"给了我一个台阶下。他是中国老师，李老师。我的印象太深刻了，从此以后，国文课绝对好好听。不仅喜欢老师，也喜欢国文，每一篇国文都有一定的意思，里面还有这么多的词汇，值得一读，每天的课我都好好地听，好好地读。以

---

① 应该是脚踏风琴，或称风琴。

后的作文只要是国文，都是80分左右。我为什么说这件事情？因为这件事情使我对以后能不能爱读书，多多少少都有一些影响，至少国文不简单，里头有这么多的含义。在初中值得我回忆的就是这一件事情。

最记得的就是算术，我要得60分，全场鼓掌。我早期不做作业，不爱听讲。最爱听什么呢？爱听历史，觉得挺好听。历史最记得的是什么呢？中国有一个北平，北平有一个故宫，故宫是历代皇帝住的地方。晚上做梦都是故宫，我想我这一辈子能够到北平，能够到故宫走一遍这就行了。

陈：那时候有公民课吗？

李：没有听过。

陈：在新沙女中，星期天要求参加礼拜活动吗？

李：有的。要去做礼拜。我说老实话，去一次，不去一次。不去能怎么着？又不是我一个。这个不是很严格的。你这么提起来，我仔细回忆一下，讲一讲。好像隔一些时候，那个嬷嬷就来说一次，耶稣如何好，怎么教人。①

陈：还有运动会和上台表演？

李：初中的运动会和小学的运动会完全两回事，赛跑也没有了，跳高也没有了。一个老师去教什么？教一些柔软操，是国外的，我对这个一点兴趣没有。文艺表演有，我演过一个独幕剧，叫什么名字我忘记了，是反对父母包办婚姻的。演的是家里父母要我嫁给一个什么人，要父母包办。我很反对。演过这么一个角色。

---

① 有关算术等，是后面说的，编纂时调整至此。

抗战记忆和青春热血

陈：1937 年 7 月 7 日，卢沟桥事变的消息您当时知道吗？

李：这个在沙市是非常流行的一件事情，抵制日货，家喻户晓。有宣传的，大家也很自觉，反正是抵制日货抵制得很厉害。我跟你说，家里要去买布，用我妈妈的话说，洋布比我们的布又便宜、又薄、又好，这就是日本的布。我们自己的布又粗、又贵、又不好。那个时候，姐姐还有一点帮助家里过日子，在那个铺子接毛线来织毛活，那些毛线都是日本的，也不接了。都抵制日货。

陈：新沙女中的老师，会说卢沟桥事变的事吗？

李：不，那都没有。

陈：那当年您知道南京大屠杀吗？

李：不知道。这跟我家里没关系。

陈：您为什么要把自己名字李世玙改成李露玲？

李：你如果现在能够找到《炼狱》① 的话，就太好了。《炼狱》我是在抗日战争爆发以后，不知道怎么就拿到这一本书，我就看。我现在还记得很清楚，主人公叶露玲是一个资产阶级的这么一个小姐，她居然把资产阶级的这种生活丢掉，去参加进步的生活。那个时候是不是抗日我不知道，反正就是参加进步的工作，对于她我佩服极了。我姐姐差远了，这才是真正的人生，这才真正的做人，我是这么想的。她叫叶露玲，我

---

①《炼狱》，长篇小说，周楞伽著，1936年初版。（1998年黑龙江人民出版社重版，该书是“海派作家作品精选丛书”之一。）

妈妈姓叶，所以我就要改成叶露玲，我妈妈绝对反对，说不可以，那是绝对不可以的。这个李姓不能改，你要改的话，保持姓李，那个名字就改了吧。你不是跟我说，我走的时候，妈妈嘱托我什么吗？她就跟我说了，她说你知道我为什么给你起李世玙吗？我说我不知道。她说：“你知道吗？你命里头缺金，非常缺，玉防，金玉，宝玉，正因为你缺这个，所以叫你李世玙，你把这个名字改掉了，可是你要注意，每个人生下来都要出一次天花，不出天花的人是很危险的，你就没有出过。一旦要出天花，你要马上治疗，否则的话就没命，小时候不出天花，大了出天花就是死，你记住了没有？”“记住了。”别的没有任何嘱咐。我到现在也没有出过天花，也没死。

陈：那时候改名，要宣布改名，该怎么着？

李：不是来的宣传队吗？我就报李露玲。

陈：朝阳大学西迁去演出的那些事，您还记得吗？

李：这个我印象太深。朝阳大学是北平来的。我对北平非常崇拜，这么大的地方，是皇帝待的地方。你看他们怎么样？为了抗日，离开这个地方，到中国的大后方去，了不起。对于这个队伍，我就崇拜极了。他们做口头宣传，唱歌，写大字报，就是标语，还演活报剧。这对我影响是最大的，比听什么课，尤其是妈妈的教导都强烈的多，在我脑子里留下了深刻的印象。最记得的，做一个人不能当亡国奴，当了亡国奴还不如不当人；我们是中国人，不能当亡国奴，就应该保卫自己的国家。当时我还想起一件事情，岳飞的母亲给岳飞写的“精忠报国”，我说，做一个人就应当这样，这才是真正应该走的路。对我一生影响很大的，一个是《炼狱》，一个是朝阳大学。

陈：1938 年您投考 114 师宣传队，是什么情况？

李：我已经跟你说了，爸爸死了以后，家庭生活确实很困难，该卖的都卖了，该当都当了，再也拿不出东西来了。我住的后房，米缸摆在我后房，一早起来，有米，好了，今天我的心定了，有饭吃了。如果听到碗碰到缸的声音，这一天不好过了，妈妈哭，或者问人家借，向人家要一点，或者拿东西去卖一点。如果这都没有，什么都没有了，妈妈就到父亲坟上去过，这一天是最难过的。然后回来，中午就是大家吃南瓜，吃蚕豆，就这么过。这个时候我就想，我什么时候能长大呢？我什么时候能够帮助家里呢？就有这么一个思想。再加上朝阳大学的这个宣传，几种思想都在我心里有了深刻的印象。就在这个时候，1938 年，114 师来了，贴了好多的布告，要招考宣传队，初中毕业就可以。我没有毕业，初中二年级——初中念了一年半，两年都没有读上。岁数也不知道是十几到二十岁以下怎么的，都有限制的——我 1923 年出生，15 岁——每月 20 元津贴！这个印象太深了，一月能赚 20 块钱，我家里的问题都解决了。而且还去打日本。都符合我的思想，没跟妈妈商量，在学校看到布告，就去报名，报名就收了。

陈：报名是需要有什么证件？有什么东西吗？

李：没有这一套。户口本我都没有听说过，解放以后我才听说过户口本。我是新沙女中的，我有新沙女中的牌子。报名。他们就考，说你会唱歌吗？我说会，他们说你唱吧，一唱，反正是当时很流行的，抗日的一个歌。我一唱歌，他们就喜欢。唱一支歌，完了还问了一点问题，还要我做一点什么——你让我想想，好像是叫我跳舞这一类的。我喜欢跑步，我还演过什么戏，都说了。回家等着通知。这个通知来了，通知我家里。妈妈说，你去考这个了？我就告诉她，一个月 20 块钱，这个我妈妈比较动心了。我说我要离开沙市，妈妈怎么说呢？知道我这个性格，好像拦也拦不住，穷人的孩子早当家。妈妈觉得，把我留在家里又怎么样？确确实实出于无奈，没有坚决阻拦，心疼的话，一句都没有。

录取了之后，要到部队去住，到部队去住也没有关系，是在沙市，说回来就回来的。我就去部队了。军装，绝对发军装。被褥都不要我带。进去以后，不是我一个女的，有好几个女的，一个房间。我们住在一起，一个人一个铺位，被子、褥子什么都是新的，新衣服，我觉得挺美的。要走了，我没有告诉家里。

陈：没有告诉家里？就随随便便走了？

李：我再给你讲一个笑话，我现在想起来挺有意思的。比如说逢年过节的时候，他们就愿意坐下来在那儿想家，要过年要什么的，我想他们坐在这儿干吗呢？想家？我没有这种感觉。我怎么跟你说呢？父亲是这样一个父亲，难得回来一次，简直一个神圣不可侵犯的人。母亲除了家务以外，没有像我小时候看的电影那样，“娇娇宝贝，儿啊”那样。今天给你吃饭了，今天给你衣服穿了，完成任务了，没有情感上的交流。所以没有什么叫我回忆的东西。我不怎么想家，我很坦白地说。当时我怎么想的呢？我不想告诉家里。我想一告诉，大概又是哭哭啼啼，我不愿意这样。我走了以后，到了汉口，我写了一封信告诉他们，我走了。部队走了，他们当然知道。后来妈妈说了，我们也不奇怪，这是你做的事。

训练是训练什么呢？就教我们学日语，别的都不教。说你们的任务就是宣传，不做别的。就是到前线，没有任何危险的，我们有部队保护你们。就是对日本喊口号，要他们投降，这一类的话。另外就是到当地，跟老百姓去宣传，要他们抗日爱国，就是做这些事。没有别的任何训练。

陈：从沙市到武汉是怎么去的？

李：你提出这个问题，我就想，我没有到过汉口，到了武昌，以后才开始走路。没有到武昌以前，我没有走过路，是坐船。但是也不是所有部队都坐船的，他们怎么去的，我就不知道了。我是坐船去的。

陈：那武汉保卫战和大撤退，您还有没有记忆？

李：到了武昌，本来预备过江到汉口。你知道那个地势吗？武昌、汉口，还有一个汉阳。我们哪儿也不能去了，因为日本人已经到了，比我们先到了汉口。所谓保卫武汉，成为一句空话了。日本人要经过武昌了，我们被迫离开武昌，怎么办呢？白天不敢走，白天走不就暴露了吗？只有晚上走，白天睡觉。这半年时间实在太可怕了，你想，行军一天少说一百里，我这么一个孩子，全部步行，而且是夜里，而且行李自己背着，没有我们现在互相帮助这一套。我脚上不知道有多少泡。疼了又怎么样？第二天照走不误。半夜里走路，白天睡觉，能找到一个地方睡当然好，没有地方，猪圈也能睡，马圈也能睡，我都睡过。

一路上，印象最深的，就是他们不把民夫当人看。到一个地方，只要家里有年轻男人就抓来，给那些官挑行李。你知道从武汉走到湖南，都是山涧路，不敢走大路，走大路怕暴露。山涧路都是很窄的，是人走出来的路，涧是很深的。民夫也没有走过这种路，挑着行李，天天总有几个民夫掉到山涧里头去，没有人去过问一声，比狗都不如。我们走在后面，走在前面的是那些官，“前面又掉下一个”，轻轻地传过来。掉下去一个怎么样？照样走。我亲眼看见的是什么？你知道吗？走到一个地方，跑掉的民夫被抓回来了，长板凳你知道吗？把这个人捆在长板凳上面打，把屁股打得皮开肉绽的。抓回来就这么打，打完了，第二天照样挑行李。这是我亲眼见到的，可我毫无办法。就想着我们自己，我们自己是不是也有一天会遭受这样的命运？而且害怕自己掉到山涧下边去，就是这样过了整整半年。总的来讲，是日本追着我们，我们逃。绝对是晚上走，白天休息；也有白天走路，晚上才休息的时候。确实有点害怕了。也不是怕死，就是怕被抓着打，那怎么办呢？觉得他们什么都做得出来的，有恐惧心理。你不走也不行，不走日本人就抓到你，你能不走吗？就是处于这种状态，还有一种女孩子的心态，我那个时候 16 岁了，就怕被哪个军官看中了，把你抓去当老婆。害怕这个，非常害怕。沙市的只有我们三个，别的都是外省的，我们都不怎么跟她们说话。那个时候有一点心眼儿，害怕她们到长官那里去报告，说坏话怎么样的。我们沙市三个人抱成一团，别的都不敢说，就是害怕，没有别的。都知道，女孩子大了就要被男人糟蹋的，就害怕这个，非常害怕。

陈：抗日刚开始的时候，国军的风纪坏到那个地步吗？

李：当时没有，只是抓民夫。我们只是心里恐惧而已。军官们对于老百姓，有米拿米，有鸡杀鸡，有鸭杀鸭，那是毫不留情，也不给钱。并没有像我们八路军似的，军民一家。老百姓能够逃的，能够关门闭户的，那是上策；他实在走不掉的，儿子也好，丈夫也好，被抓去，那是没有办法的。

陈：杀鸡杀鸭，抢米，不付钱给老百姓吗？

李：我真没有看到他们付钱。有时候说，把米交出来！“长官，我们这些米是过日子的。”他们说，我们更重要！就是这样硬抢的。我不是诬蔑国民党。

陈：就是这个原因，到湖南以后，您和几个小姐妹要离开？

李：到了湖南以后，我们三个人就在一起想，这怎么办呢？我们这三条小命不定哪一天也是要遭遇到这种待遇。我们现在手里也有钱——六个月没有发钱，突然到了一个地方，发了六个月津贴，意料之外，对于我来说，120 元是天文数字。我从来没有拿过这么多钱——我们走吧？那两个人比我大，我就提出这个想法，她们说我们也这么想。我们怎么走呢？不是要出去宣传吗？其中有一个男的[①]，那个男的比我们大一点，他说我来想办法。什么办法呢？他说我去找一个老百姓，给他钱，让他租一条船。那时候离洞庭湖很近，他说要这个船把我们放到洞庭湖去，洞庭湖已经被日本人占领了，我们的部队绝对不去，我们不就跑掉了吗？当时并没有想到，日本人抓到我们，又怎么办呢？那我们去试试看吧，结果他真的找到了。有一天晚上，我们出去宣传，我们吃完晚饭，其实那个时候也不管得这么严，谁管你？他们也没有想到我们还有这一招，我们就这么上了船，偷渡洞庭湖。

陈：有没有想过，那也算逃兵，抓回去也得受军纪处罚？

李：当然，所以我们就是防这一手，一定要走到日本人占领的地方，日本人占领的地方他抓不到我们。那也是提心吊胆。船主就提出来了，你们三个人只能躲在舱里面，绝对不能出舱一步，只有驾船的人在外面，饭由我们给你吃。吃饭也在舱里面，都不能起来，躺在舱里头。走了几天几夜，也没有说碰不到日本兵，有碰到的，碰到他们就说，我们去干吗的。他们大概是经常来往的，也不在乎，他就看看那个船，也没有什么东西，也就过了。就是这么过的。我现在记起来是到了藕池，湖北有一个藕池[②]吧，到了藕池就不害怕了，那里日本人没有占领，是一个安全的地方。到了藕池，我就回家了，大概是坐船。

陈：您回到沙市的时候，沙市被日本人占领了吗？

李：还没有占领。这半年，我也没有洗过澡。上哪儿洗澡去？穿了一件毛衣，完了就是军装。走的时候把那些军装脱了，换成平常的衣服。回家以后，我从这里到这里，全身脓疱疮。据妈妈说，我穿了一件毛衣，每一个毛衣孔都是虱子。拆下来洗都没有办法，烧掉。要去看脓疮，没有办法，贴药，什么痒、疼，不在话下——当然是疼极了。回到家以后，沙市有危机了，日本人要进攻沙市了。那时候是 1939 年。那怎么办呢？

① 沙市参加宣传队的三个人，是两个女性，一个男性。

② 藕池镇，是湖北荆州市公安县的一个镇。

我妈妈就想，没有别的办法，嫁人吧。要不然日本来了，被日本人糟蹋更不行。要把我嫁给谁呢？要嫁给一个国民党的军官，因为这个最牢靠了。用现在的话说政治上也可靠，金钱上也可靠。我一听，那能行吗？绝对不行！嫁人这一点我就不行，嫁给国民党军官就更不行！所有114师军官的形象，他们所作所为都在我脑子里。我也不跟家里说这些，准备再次离家出走，我有钱。我记得清清楚楚，我走的那一天是三月初八，是我的生日那一天。我自己去买的票。朝阳大学不是去重庆吗？那是抗战大后方。我要去重庆。直接买票，走了，对不起！

到重庆，参加三青团宣传队

陈：您回家以后，是什么情况？剩下多少钱去重庆？怎么去的？

李：我不是发的 120 块钱吗？当时高兴极了，这一辈子没有看过这么多钱。我们三个人就商量，这个钱怎么办呢？都想带回去，这么多钱也没有去路。而且在宣传队也待够了，宣传队实在不是我们久住的这么一个地方，这个环境不适合我。商量好了，走，怎么走？只有一条路，通过洞庭湖达到湖北。洞庭湖已经被日本人占领了，当时大家说，日本人占领了，国民党就不去，逮不着我们了。他就去找一个老百姓，找到一条船，我记得是一个人给 10 块钱，偷渡洞庭湖，把我们送到湖北任何一个地方，日本人不占领的就可以。还剩 110 块钱，到了家里，给了家里，有没有 100 块钱？可能就是 100 块钱，我不能够全给。用现在的话说，我跟家里先礼后兵，因为我回去以后，除了我看病以外，她们就给我提婚事，要我嫁给一个国民党军官，她们认为这个是双保险，国民党是厉害军人，而且已经嫁人了，就不会被日本人侮辱。我一听就火了，我说不行。妈妈通不过，就跟姐姐商量。我说姐姐，我们俩一块儿走，一块儿抗日，跟她说这些大道理。姐姐说不可以，怎么可以走呢？你愿意走你走，我不像你，不好好在家安安稳稳过日子，到处乱跑。都说不通。我知道，我哪一关都通不过了，不说了，还不如自己走，我就偷偷买了一张船票，1939 年三月初八，我记忆深极了，这天是我的 16 岁生日。我上了船，船上没有任何故事，也没有什么床铺给我睡，没有的。吃饭我都不记得吃没吃过。

到了重庆。到了重庆到哪儿去？就去找刘忠翔。他曾是姐姐的恋人，后来人家到了重庆，跟姐姐慢慢地淡了，我姐姐不是结婚了吗？他到了重庆以后，他们两人还通信，希望姐姐可以去重庆吧。姐姐就没有这个想法，就愿意守在沙市，普通人的想法，安安稳稳地嫁个人过日子。通信处我知道，人家在“中央通讯社”。我到重庆就打听“中央通讯社”在哪里，人家就告诉我。

陈：他是一个记者或是一个编辑？

李：不是记者。一般工作人员，还达不到编辑。那时候我还不懂什么编辑不编辑的，反正我就知道他在“中央通讯社”工作。

陈：对重庆第一观感是什么？

李：第一观感就是，上坡我就受不了。朝天门码头，上那么高的坡。在街上，也没感觉到好像大城市不得了，觉得乱糟糟的，低低矮矮怎么样的，也不是非常整齐的马路，不是像我想象的不得了，我是这么一个印象。我就问怎么去“中央通讯社”，人家说这么走那么走，我就按照他们说的找，一下就找到了。找到人家就一愣，他说你怎么找到我这儿来了？我说我没有地方去，我说你不是我老乡吗？我不找你我找谁？理直气壮。他说你来干什么？我说我来考联合中学的。“你想得这么简单，你考联合中学？你有什么证明书要考联合中学？要住校的，你知道吗？谁供你伙食？你的学费带来了吗？每年的学费？”我一听，还有这么多事？我不知道。我身上大概还有十几块钱，他一问，就把我问住了。我说我没有，都没有。“都没有你来干什么？”我说那我也不知道。我说我已经来了，怎么办呢？他说来了你再回去。我说那不行，我说我不回去了。我说我慢慢找工作。他说你想得好，你那么小，你找什么工作？你会做什么？我没有话可说。在那儿待了两三天。他说好了，我给你找到了。我说，你给我找到什么了？他说你运气算好，三民主义青年团正在招考社员，你去考吧。你要能考取的话，那你就有安身之处了。那有什么？我说我去考，我就去考了。那个时候就是唱歌，完了拿一点东西让你念一念，好像让你去做一点他们认为必要的东西，就是做一点什么事情，你到这儿把那个东西给我拿来，他观看反应怎么样。我唱的是那个时候最流行的一首歌，实在想不起那个名字来了，我记得一句词有“热血”两个字的，很激扬的这么一个歌曲。我就唱了一首歌，他们就比较喜欢了。我没有那个怕字，让做什么就做什么。他们说，好吧，你等通知。没有等两天，通知就下来了，我被录取了。

陈：您这一届一共招了多少人？

李：这个是关键的关键，那一次就招了三个人，一个我，一个路翎（徐嗣兴）[①]，一个姚牧。一共就取了三个人。他们自己有队员，有一个宣传队。招生是补充人员，那一次就取我们三个，互相都不认识。我一到宣传队，一看，一个个都是一米六的个儿，披上漂亮的旗袍，高跟鞋，烫发，搽胭脂抹粉，那简直是漂亮极了，我没有法跟人家比。像我从沙市来，家本来就穷，也没有衣服穿，土里土气。个头也不够，才1米52，这么一个小丫头，看起来很不出众的一个孩子。她们根本不搭理我，我就一个人坐在那儿。干什么呢？我就是看书，不做别的，一天到晚就看书。看什么呢？看巴金的书，非常喜欢。

最先接触我的是徐嗣兴。徐嗣兴就觉得奇怪，这个女孩子怎么与众不同？一天到晚坐在那儿看书，看什么书呢？他就来截住我，一看，在看巴金。他就问："这个书好看吗？"我说，好看。"你喜欢这个书的什么？"这下问住了。我说我都喜欢。"那你喜欢哪个人，你总会说吧？"我说我喜欢鸣凤。"你不喜欢谁呢？"我说我不喜欢冯乐山。[②] 就这么说起来，我就这样引起了徐嗣兴的兴趣。我开始真正懂得一些文化，我的老师应当是徐嗣兴，从此徐嗣兴就教我看书。他是高中毕业的，他在高中的时候就出过文章，我是之后才知道的。他就告诉我看什么书，给我介绍的全部是苏联的书，[③] 什么《安娜·卡列尼娜》《静静的顿河》、高尔基的《母亲》，契诃夫的东西我根本看不懂。我就告诉他，他给我读的这些作品，我最欣赏的是屠格涅夫的。屠格涅夫的六部作品我全部读完，我觉得屠格涅夫的《罗亭》写得太好了，写情写得太好了。

陈：屠格涅夫的六部长篇小说，您最喜欢哪部作品？

李：记不得了。是哪部我不记得了。我就告诉你，我那个阶段就读了这么多的书。《母亲》《安娜·卡列尼娜》，都是当时读的作品。读这个

---

① 徐嗣兴，是作家路翎的原名。在后面的叙述中，口述人有时称徐嗣兴，有时称路翎。

② 鸣凤、冯乐山，都是巴金小说《家》中的人物。鸣凤是年轻丫鬟，被迫嫁给老财主冯乐山。

③ 下面列举的小说，并不都是苏联小说，托尔斯泰、契诃夫、屠格涅夫都是俄罗斯作家，不是苏联作家。

作品好在什么地方？徐嗣兴规定，今天你从一页读到十页，我明天来问你，告诉我有哪几个字不认识，这一段是什么意思？你讲给我听。不知道的地方，他给我讲一遍。这几部书都是这样读完的，你想，我能获得多少知识？而他自己，天天是上书店看书，他所有的书都是在书店看完的。你知道，当时上书店是冒生命危险的。你要看到太过分的书或者怎么样的话，你要被抓的，所以他看书也是冒险。还有一种风气，是我们现在的人所不理解的——偷书。比如说特别想哪本书，想看《安娜·卡列尼娜》，又买不起，就偷出来了，大家高兴，都可以看了，不用买了。反正我们当时不认为是一种不好的事情，反而认为是好事情。

因为姚牧跟路翎两个人是初中、高中的同学，两个人是最好的朋友，两个人志同道合。因此他们俩离开了学校，一块儿到重庆来，为了一个目标，抗日，他们是一样的思想。他们俩也正好都被录取了。路翎为我灌输文化上面的知识，姚牧就来教我音乐。我从来没有认过简谱，他懂，全部是五线谱。我那个时候认五线谱，按照调儿唱，A 调唱什么，C 调唱什么，应该唱什么音就唱什么音，是最基础的一种。我那个时候学的是这个，音乐的知识是从姚牧那儿来的。他在学校里就喜欢音乐。一个教文学，一个教音乐。我这个知识是从他们俩那里来的，而他们俩在我印象当中都是我的老师，挺靠得住的老师和老大哥，其实他们并不大，一个人大我一岁，看起来好像不知道要大多少。

在这个过程当中，我慢慢地知道了，国民党不是真正的抗日，是假抗日、真反共的，知道这个概念。路翎在教书的过程当中慢慢地透露这些。我就告诉他，我在 114 师宣传队里面待过。他说，你看对不对？他们怎么样？他们不是真的抗日，中国还有一个最进步的，真正抗日的共产党。就跟我解释这些道理，解释得很详细的。他是老师，我信任他，他的这个道理我也信。

姚牧就不一样，姚牧就教我唱歌，带我出去玩，不像路翎这么严肃。他待的时间并不长，后来就离开三民主义青年团了，当时有马思聪的交响乐团，他就去担任那个打击乐了。后来只剩我跟路翎两个人，在三青团里面待了一年。我为什么有这个印象呢？我们三青团曾经到成都去演出过一次，其中没有姚牧。我就想姚牧上哪儿去了呢？后来一想，想起来了，他去了马思聪交响乐团，去打鼓去了。

从育才学校到路翎家

陈：那次去成都演出，您参加演出了吗？

李：我怎么会参加演出呢，跑龙套、管服装、管道具，这都是我跟路翎两个人的活，是做这些很不起眼的活。而且搬道具，换景，你知道这是很紧张的一个工作，时间越短越好，整个桌子、板凳什么都要换的，要赶快搬，就做这些工作。演什么戏我都忘了。在成都，有一个事是我永远能记住的，你知道徐嗣兴带我干吗？带我骑马。成都有一个地方，专门供人骑马，哪有女孩儿骑马？我就喜欢骑马。他说好，你愿意玩这个，我就带你去玩这个。路翎则喜欢带我散步。路翎最喜欢什么？在蒙蒙雨的时候去散步。我是烦透了，下着雨带我散什么步？而且他散步的时候还不愿意说话。文人那种爱好，我一点体会不到。哪儿有什么爱的感觉？我说真是的，不来吧还不好，是我的老师，又是大哥，只好走吧。我开始还叽里呱啦，他说别说话了，散步说什么话？就不叽里呱啦了，后来我明白了，我懂了，散步的时候不能说话，要安安静静的。

后来他又提出来了，他说露玲，现在我要带你去一个地方。我说要去哪儿？他说三青团我们不能久待，这个不是我们待的地方，我带你去一个最好的学校，你可以在那里学到你所喜欢的东西，那里最好了，有最好的老师。我一听当然高兴，他说不过没有这里那么舒服，稍微苦一点，你行不行？敢不敢？我说我不怕，吃苦我不怕，我去。就这样，他带我去了育才[①]。是路翎带我去育才的，我根本没有这个关系。姚牧是我

① 重庆育才学校，是教育家陶行知于1939年7月在重庆合川草街镇古圣寺创办的。

们去了育才以后，后去的。

陈： 进育才学校，需要考试吗？

李： 没有，跟你们现在的概念完全是两回事。去了就去了。就说路翎来了，那个时候胡风还是一个很“左”的进步文人，他的高徒路翎来了，当然欢迎了。路翎是老师。我当然就是学生。问我喜欢什么，我喜欢唱歌，那就音乐系，就去当学生。就这么简单。是在重庆的草街镇，有这么一个屋子，非常简陋，女同学跟女同学住，男同学跟男同学住。一天三餐，两顿稀的，中间一顿干的，有一点青菜、小菜吃，生活永远是这样，非常苦的。学生的来源是哪里？重庆当时有很多难童收容所，所有学生都是他们在各个难童收容所挑选出来的。江韵辉[①] 就是在难童收容所挑出来的。很有意思，她被育才挑中了，她弟弟被国民党挑中了，她的弟弟后来去了台湾，走了两条完全不同的道路。

关于学校的经费，陶行知来办这个学校，共产党给一部分钱，宋庆龄也给了一部分钱，总的来说是募捐来的。水华、沙蒙都在那儿。

陈： 音乐课的训练是什么情况呢？

李： 音乐课的训练有钢琴课，有理论课，有声乐，就是这三种。器乐就是钢琴，民族音乐也没有，就是这三种。随你自己选吧。后来在北京比较有名的，弹钢琴弹得比较好的杜鸣心，他就是从育才出来的，我们同学。

陈： 上课是怎么上呢？声乐是怎么上呢？

李： 声乐就是教发音，这都是很正规的。用我们现在的说法就是美声唱法，钢琴也是很正规的。他们觉得我不合适唱美声，也不适于低音，女中音吧，偏向于土的唱法。我没有学美声，我学偏向于民歌的唱法。因为他们觉得我的嗓子偏向于这边，不偏向于美声。完了我就学钢琴。

学习我已经说过了，就是这样的。没有什么语文课，算术课，都没有的。我的语文课学习没有断过，路翎继续教。他拿一部《静静的顿河》就给我看了，我哪里看得懂？尤其契诃夫的东西，那么深刻，我哪能够

---

① 江韵辉，后为北京电影学院表演系教授，章泯夫人。

理解？但是他也给我看。还有一些话剧，这些作品都给我看，都给我讲。

育才有一个很主要的问题，我病了，打摆子，疟疾。不是我一个人，好多人得疟疾。奎宁的药我们都弄不着。那个时候陶行知的夫人想找奎宁都找不着，宋庆龄也支援了一些，不解决问题。我都到什么程度呢？就是睡在木板的床上，音乐系的那些小孩儿都压着那个床，也压不住，抖成这样了，没有办法了。徐嗣兴说，那就带到我家去吧，家里条件总比这里好一点，起码有一点饭吃。

这么我就到了他家。他家离那个地方反正不太远，在一个有煤矿的地方。徐嗣兴其实也是很惨的，他的家实际上不是他的家，是继父的家。他一个人到了继父家里，你想能有地位吗？而且他的继父并不是一个非常开明的人，就是一般的公务员，他母亲也就是普通的家庭妇女，他的母亲还带着自己的母亲，还跟这个继父生了一个女儿。去了一个徐嗣兴家，他们一看多了一个人，还带了一个李露玲，在他们看来，那就是一个媳妇儿。

陈：您那时候跟路翎的关系，是普通朋友还是男女朋友？

李：真是没有达到男女朋友的关系。我觉得他是一个老大哥，是我的老师，没有地方去了，要带到他家去，那就去吧。没有觉得他是我的男朋友，没有这个感觉。我已经跟你说过了，在他家里住了有一年没有？反正这么长的时间。从认识到我离开——我 1941 年初离开徐嗣兴家的[①]——从 1939 年到 1941 年，也有两三年，天天跟徐嗣兴接触，后来还住到他家里。我跟他奶奶、妹妹一个屋，他自己在楼上一个小阁楼里。天天我要上路翎屋里去上课。他们不是让我住在那儿，给我找了一个小学当老师，实际上让我自己负担自己的生活。这个课，是天天晚上路翎教一遍，明天就教这个课。就是这么样的接触，我已经跟你说过了。

有一天，我上完课回来了，上他奶奶屋里，我就睡下了。他奶奶大概还没有进屋，他也去看他奶奶、去看看我，在我额头上吻过一下。这是我跟路翎接触以来最亲密的一次，唯一的一次，除此之外任何举动都

① 口述人对时间的记忆不是很精确，这里说1941年离开路翎家，后面又说是1940年离开。

没有。就这么一次，第二天徐嗣兴难为情，不好意思看我，过了几天才缓过劲来。徐嗣兴就是这样一个人。

陈：在您额头上吻，是父兄式的吻，那怎么会不好意思呢？

李：这是你用现在的观点来分析，当时这一吻，我一夜都没有睡好。我当然也有一点不好意思，都有一点尴尬。已经被他亲过了，那更是儿媳妇了，更是这样了。但是我不甘于在这里待一辈子，就这么教书，就这么在这里当一个“拖油瓶”①，很不好听的。

陈：他在家里写作的情况，您了解吗？

李：不对。他那个时候在家里还没有开始写作。我告诉你，我在的时候，他没有发过任何的作品，没有。我是1940年离开他的，一年之内没有他的任何消息。1941年，我听到说他发了文章，用路翎两个字，②我真是几天几夜没有安稳。

陈：《要塞退出以后》和《一个青年经纪人遭遇》，您不了解吗？

李：我是去教书了，他们当时给路翎也找了一个什么工作做的，记账，跟他的写作完全没有关系的。③

陈：您在小学里教几门课？是什么样的课？

李：就等于人手足、口耳目这么一个课。教很浅薄的，但是他对我都不放心，怕我出娄子，这样的一种心情。你没有看过那个《人物》④？我也不怕什么，反正都公开写过。路翎那时候对我怎么样呢？顶在头上怕飞了，含在嘴里怕化了，真是到了这样的一步。

陈：您教一年级国文，收入是多少？

李：收入？一个月没有多少钱，反正有点收入。如果说住在他们家里，最使我难以忘记的是一件什么事情？不是他们家里的事情，是他们

---

① 这里指的是寡妇改嫁，前夫所生的孩子带到后夫家去，俗称“拖油瓶”。

② 此处记忆有误，徐嗣兴用“路翎”这一笔名发表作品，是在1940年的《七月文丛》上发表的《要塞退出以后》。或许口述人是在1941年到了桂林之后才了解这一情况。

③ 1940年，由继父介绍，徐嗣兴到国民党政府经济部设在重庆北碚区的天府煤矿矿冶研究所会计室当办事员，在此期间，徐嗣兴创作了《家》《祖父的职业》《何绍德被捕了》《卸煤台下》等作品。

④ 指的是《人物》1995年第5期上刊载的《一段难忘的恋情——简谈作家路翎笔名的由来》一文。

煤矿发生了一次事故，死了好多人。这一生头一次听说煤矿发生这么大的事故，我觉得煤矿太可怕了，太残酷了，进去工作的人员也真是太危险了。但是他们为生活所迫，不得不去。路翎对这一件事情是寄予无限的同情，他好像在文章里后来又补上。反正我就知道很多家属去了，到那儿去收尸，发生过这么一件事情。

陈：您要交伙食费给路翎家吗？

李：好像那钱我也不管，我都交给路翎。

离开路翎，与姚牧同居

陈： 后来姚牧出现，怎么会把您带走呢？

李： 对，就在这个过程当中，姚牧就不断地到路翎家来看我们。他就来跟路翎说，路翎不适合这样的环境，他是有文学天才的。说我有音乐天才的，能唱歌，好像表演也可以，应该在文艺这一方面发展。如果就这么待下去，去教书，觉得是不适合的，这个环境不适合。也跟我说，露玲，你待在这儿觉得合适吗？我觉得不好吧？你还是回育才吧！育才那儿多好！你看有老师，也可以弹琴，也可以教你唱歌。是，我在育才虽然苦一点，但那里生活比这里有趣多了，可以唱歌，可以弹琴，非常符合我的心思。有一次姚牧就来看我，姚牧那天说，你怎么不送送我，叫我自己走？好吧，送你一点吧，再送一点吧，就一直把他送到了育才。就这样离开了路翎家，不告而别。我当时真有点矛盾的。明明知道姚牧叫我送他，是没有好的结果。但是一回头，想着回到路翎那个地方去，天天晚上这么上课，白天再去上课，一句叫我开心的话都没有，一句温情的话我都没有听见过。哪怕说一句"我真喜欢你"这一类的话，没有。就是在我额头亲了一下，别的什么事情也没有。他的奶奶、他的妈妈，就拿我当媳妇儿看待。你知道，我绝对接受不了的。走就走了，有什么？就这么想。

陈： 当时在姚牧和路翎之间，您有过摇摆吗？

李： 不仅有过摇摆，摇摆很厉害，摇摆得非常厉害。路翎确实很喜欢我。路翎很喜欢游泳，游泳游得棒极了，他个子很高的，一米七几，身体很棒的。不像姚牧，矮矮小小的，瘦瘦的。路翎比姚牧帅多了，比巴鸿还高。他先教我游泳，这个游泳始终没有学会，问题在哪儿？问题在路翎。

他说你平躺着，不要呼吸，不要费劲。我不行，我一平躺就要翻过来，他一看我翻过来，不就要喝水吗？一看到这个他就把我抱起来，不准我喝一口水。就是因为这样我没学会。换一个老师我早就学会了，凭我这个胆。路翎这个人过分严肃，过分内在。

姚牧非常活泼，非常会照顾女孩子。我就举一个例子，他就叫我小孩，永远叫我小孩儿，这样好不好？那样好不好？都是这样的。后来跟他同居了，早晨睁眼睛，醒了，"今天穿的衣服都给你搁在那儿，你看见没有？就在被子上面。你吃的东西，早点，桌子上放好了。起来穿好衣服，好好洗脸，漱口，完了就吃东西。吃完那些东西，就不要管它，放到那里。我去上课了，你要知道我有课，我要去上课。我走了以后你怎么办呢？院子里头我已经给你摆好椅子了，一把躺椅，躺椅旁边有一个小凳子，凳子上面有一些零食，那是给你吃的。有一本小书放在那里，你就吃吃东西，看看书，在那里休息一会儿。就等我下课回来，再带你吃饭，好不好？"就过这样的日子。

陈：您喜欢这样的日子吗？

李：我觉得好，路翎就差远了。

陈：接着说，那天您送他到育才……

李：送到育才，这是一个关键。我以为把我带到育才，还是跟以前一样，住在女生那儿，去上课。他就把我带到他那个宿舍。

陈：姚牧在育才学校是老师还是做学生？

李：姚牧没有当过学生。贺绿汀走的时候，把音乐系交给姚牧了。就要姚牧负责，都交给他了。跟他怎么说的呢？我这个记得很清楚，1940 年贺绿汀就走了，他说我去新四军了。他说我们不能都走，要都走了，这个音乐系没有人了，你就在这里多待一待，待到明年，我在那里都安排好了，我来信给你，那个时候你们再过来。所以那一次从路翎家出来以后，不是把我带到女生宿舍去，而是直接把我带到姚牧的宿舍。简单说，我就跟姚牧同居了。有一点出乎我意料，怎么就这样了呢？怎么是这样的？反正已经是这样了。大概年龄也到了，也就这样了。

陈：没有反对或抵制，是吧？

李：没有，尤其姚牧那么会哄人。

陈：想没想过姚牧和路翎是好友，以后怎么相处呢？

李：我来说吧。我们在青年团的时候，他们俩已经有矛盾了，而且矛盾很厉害。是在嘉陵江边上，我当时就说了一句话，我说你们俩闹吧，你们俩如果再闹，我就跳下去。我说我没有别的办法，我又不能变成两个。我说我要跳下去，他们俩就不闹了。待了一会儿，路翎说了一句话，我们不闹了，你好好想一想，我们两个，你到底选择谁？你选择谁，我们都听从你的，我们再也不争，也不闹了。我想了一下，再回去跟路翎过那个日子，当小媳妇儿，去教课，不能去。姚牧这么活泼，教我唱歌，会讲故事，讲贝多芬学钢琴，他爸爸又怎么的，讲这些东西给我听，我觉得跟姚牧在一起生活比较有趣一点，比较适合我的爱好一点。我身体稍微往姚牧这边偏了一下，路翎就走过来了，走到姚牧面前："姚牧，我没有话说，只有一句话，希望你好好照顾她。"扭头就走，这就是路翎。

陈：这场景是发生在什么时候？

李：就是三青团的时候。

陈：后来路翎又把您从育才带到他家去，成了他的准媳妇儿？

李：可是姚牧还是不断地来看我，说服路翎，"她就这么待下去？你就让她这么待下去？她是有音乐天才的，她应该有所发展的。"他也说服我，"你甘心这样吗？"很动我心的。我是不甘心这样，我愿意过我自己的日子。

陈：您跟姚牧同居，没有影响他和路翎的关系？

李：他们俩后来也没有接触过了。当然有影响。

陈：您除了做小公主之外，在育才学校做什么呢？

李：那个时候是学生。我还是学，我教不了。上课还是上课，不过，他们那个时候就不叫我李露玲了，叫我李大姐。我帮助那些孩子们收拾屋子，叠床，帮帮小忙，也帮着做点事。

陈：您和姚牧在育才学校待了多长时间？

李：到了 1941 年，我觉得是 1941 年年初，我们就离开育才了。姚牧跟我说，我们现在要离开育才了，贺绿汀已经来信，说是要我们离开，我们先回重庆吧。我说好，先回重庆。回重庆，他又到马思聪交响乐团去，他把我放在哪儿呢？把我放在中央歌剧院，就是你刚才说的黄自[①]那儿，他说你在这儿学习，我在那儿工作。不是说走就走的，这个关系要慢慢地接通。我说好，我接着在中央歌剧院待了一个阶段。待到了秋天。

陈：您在中央歌剧院做什么呢？

李：学生。中央歌剧院是很正规的，有好多学生，正规的一个歌剧院。它就叫歌剧院，是学习的地方，不是演出的地方。黄自在那儿主持，他在那儿教我们唱歌，黄自后来去台湾了。歌剧院有什么好处呢？又不交钱，有地方住，也有饭吃，就是这么回事。这也没有什么可说的。到了七八月，他说我们又可以走了，我们先到桂林。

陈：先停一下，您在重庆待了两年多的时间，有什么记忆？

李：就是躲警报。曾经发生过一件全国有名的事情，整个地道坍塌，上万人死在地道里，[②]知道吧？那个地道就在我们学校的旁边。我们每次躲警报都是躲到那个地道里头去的。唯有那一次，我跑慢了一点，那个门关了，我进不去了，没有躲进去，就躲到另外一个地方了。在重庆那个阶段，我印象最深的就是这一次大轰炸，实在是太可怕了。我看见的是什么？你知道吗？后来我就去看，有一个人拿着这么一个大筛子，这个筛子里面全是石灰，拉出来一具死尸，那个石灰就在身上从头到尾过一遍。这个死尸就往旁边一扔，来一个就往旁边这么一扔。那是什么样子？就像面袋似的，扔得那么高一堆。完了就用卡车，一卡车一卡车地这么送走。在重庆那个阶段我只有这个印象，别的印象都没有。

陈：您跟路翎和姚牧在一起，怎么可能没看过电影呢？

李：我不骗你，真没有看过电影。没有那个钱去看电影，电影票很贵的。他们好像也没有组织看过什么电影，也没有看过话剧，没有这个印象。从来没有看过电影，我完全可以肯定。我可以去听马思聪的音乐

---

① 音乐史上最有名的黄自（1904—1938），曾留学耶鲁大学，1938年逝世。此处所说可能是另一个人。

② 可能是说 1941 年 6 月 5 日傍晚，日军飞机对重庆进行了 5 小时轰炸，造成校场口大隧道窒息惨案。

会。当时马思聪在重庆，要演出一次，票是很不容易买的。我不用买票，姚牧带进去，随便找一个座，随便听，就这样。曲目现在真的忘了。《思乡曲》我记得，说起来我就想起来了。都是交响乐，我听音乐会听得比较多一点。当时在歌剧院，好像我们演出过一次。我的印象不深，我反正也不是演什么主角。姚牧告诉我，我们只是等一等，没有地方待，你就在这个地方先待一待吧，就是这么个情况。

在桂林参加新中国剧社

陈：1941 年秋天，您是怎么离开重庆的？

李：重庆去桂林，怎么去的？这我真的想不起来了。你让我想想，桂林没有水路，那就是坐着汽车去的。到了以后，姚牧是在桂林师资训练班，去当教员了，他就把我带去了，就住在师资训练班。我也不能当教员，我也没有东西可教。

陈：您不是说要跟姚牧一起去新四军吗？

李：去新四军必须经过桂林。那个时候他跟我说，我们先到桂林，再由桂林到香港，再从香港不知道经过什么地方才能到新四军。他是这么告诉我的。

陈：到了桂林为什么没有继续走，而是到了师资训练班？

李：那个时候，一步一步走，不是说像现在这么畅通的。走一个地方，下一站要跟那边先联系好，什么时候走合适，通知你再走，当时地下党就是这样联系的。我就待着，正好碰到新中国剧社要演《大地回春》，1941 年 10 月 1 号，这个事绝对不会错的。演《大地回春》，说他们那儿缺一个演员，怎么也找不着。姚牧认识里头的人，我一个都不认识。姚牧说新中国剧社缺一个演员，你待着也没事，你去试试吧，能演就演，不能演再回来。我想那试试就试试，就去演一个小奶妈。我一下子就想起我在家乡，我的家庭生活本来就是这种市民生活，本来就有当小奶妈的这么一个人老到我们家里来串门，那个人实际上开放极了，一说话就哈哈，这么一个人，我的印象很深。我觉得这个人挺好玩的，挺有趣的。现在要我演这么一个小奶妈，正好这个小奶妈也是这么一个性格。我还记得头一句台词，头一个场景，就是我一推门，碰到家里的大少爷，他也不知道我要推门进来，就跟我碰上了，结果他把我的脚踩了一下。我的头一句话就是："是谁个挨刀的！？"这是我的第一句台词，就是演这么一个角色。没想到演出结束以后，得到好评，观众也好评，团内也好评，说这个小奶妈演得真好，真像。觉得挺可爱的，这么一个小奶妈。

陈：这是您第二次演戏，我记得您说过您到重庆的时候，还一口湖北腔，到桂林怎么能演话剧呢？

李：我告诉你，到现在为止，你没有觉得我"嗯、哼"不分？到现在为止还是这样的，我在北京多少年了？我的语言不好，这个标准话，在新中国剧社，也是我的一个关。

陈：在剧场里演出，您胆怯吗？

李：我说一句话也许你不相信，在我这一辈子，就没有感觉到有什么害怕的。我不紧张，我没有紧张过，我都没有的。就是去试试，他们不是没人吗？

陈：演出成功以后，您就留在了新中国剧社吗？

李：他们说你就在我们这儿吧，别走了。我就成了新中国剧社社员了，如此简单。我觉得也挺开心的，挺好，大家都说好，我演得好像也没有什么拘束，就这样。大少爷是严恭。

陈：严恭演大少爷，是吧？同台演出的还有哪些演员？

李：朱琳、石联星，都有。还有你关心的那个男演员许秉铎，你知道有一个费克吧？他当时有一个很流行的歌，叫《五块钱》。演员很多的。新中国剧社来龙去脉不用我多说了。周总理不是管了几个演剧队吗？九个演剧队，有很多的共产党员，演剧队有的共产党员身份已经暴露了，不能再待下去了。那么就要安排这些人的去路，在总理的筹划之下，就说这样吧，我们就在桂林以民办的名义成立一个新中国剧社，就把这一批人都聚集在新中国剧社内，再慢慢地扩大，就是这样。没有工资，从来没有发过工资，收入能够自己有饭吃就不错了，自负盈亏就可以了，就是这么一个团体。如果一次演出下来，多一点钱的话，也许一个人给两块钱。

陈：您还记得庆祝郭沫若诞辰50周年的演出吗？1943年。

李：我演他的女儿，能不记得吗？演郭沫若的女儿，《英雄的插曲》，就是纪念郭沫若，觉得他为了抗日离开了自己的妻子，离开了自己的孩子，能够回到祖国来抗日，就是歌颂他。《南山之什》是诗朗诵，作曲是姚牧，《英雄的插曲》作曲也是他，这个演出非常受欢迎。

陈：是杜宣的剧本。

李：对。

陈：您在《英雄的插曲》中演郭沫若的女儿，台词还记得吗？

李：台词没有什么，说爸爸好这一类的，没有什么，不记得了。

陈：后来就是田汉的《秋声赋》的演出？

李：这个我就记忆很深了。《秋声赋》的主演是朱琳、石联星，石联星的角色是影射田汉的前妻，朱琳是影射安娥，整个的《秋声赋》就是写田汉的生平，写他的生活。这是我听说的。我在里头演一个擦皮鞋的小女孩儿。《秋声赋》的主题歌是朱琳唱的，朱琳以这个戏一举成名。我演擦皮鞋的小孩儿，也有一个歌，也是在台上唱的，如果你们现在想听的话，我还可以给你们唱一遍——我想想看——（唱）“秋风一起叶满天，金儿身上没有棉……金儿坐在大桥边，看着一个个皮鞋尖，先生你擦擦鞋吧，皮鞋的给四毛、马靴的给一元。你看那擦鞋的没鞋穿，流浪的孩子多可怜。先生，您擦一擦吧，不亮不要钱，先生您擦了。”

陈：这个《秋声赋》还有歌唱，是一个什么形式？

李：也是话剧，但是有歌。

陈：《英雄的插曲》《南山之什》呢？

李：都是唱的，全部是唱的。

陈：桂林的观众能接受吗？

李：能接受。郭沫若的故事，郭沫若为了抗日离开了自己的妻子、孩子，回国，我觉得了不起。

陈：1942 年，新中国剧社有一次选举，选瞿白音为社长，您参加了吗？

李：这个事情我就不关心了，没有什么印象，谁当领导都没我的事。

陈：《重庆 24 小时》和《大雷雨》的演出呢？

李：《重庆 24 小时》是巴鸿主演的，没有我的事。《大雷雨》是钟耀群[①]，有这么一个人，是一个作家的夫人。她演得好极了。我只是在里头演另外一个小丫头。

陈：夏衍的《再会吧！香港》，后来被禁演是怎么回事？

李：这是太感人的一幕。《再会吧！香港》，就是香港当时有一批进步文化人，包括章泯、舒强，这些人都在。香港被日本占领以后，他们当然就撤离香港了，回国来。路经桂林，他们还在桂林演了一个《北京人》，后来又离开桂林了。《再会吧！香港》就是写日本人的残酷，对文化人的迫害，这么一个内容的戏。当时上戏都要经过审查的，批准我们才能上演。在上演中途，就下了禁令，说这个戏要停演。这个禁令一来，你敢不落幕吗？演了一半就落幕了。原因好像是说国民党，说得太多了一点，有碍尊严这样的。洪深当时就出来了，和观众把整个经过说了一遍：这个戏也是经过审查，经过批准了我们才演的，现在又接到上级的命令，说我们这个戏还有不妥之处，这是我们考虑得不够，非常对不起，我们这个戏不能再演了。等我们改好了之后，我们再演，再欢迎大家来看。没有关系，请大家很有次序地出去，请大家退票，款项我们都已经准备好了。就在这个时候，有一个观众站起来了："我们不退票！我们喜欢这个戏！"这一来，所有的观众基本上都站起来了："我们不退票！"戏演了一半，绝对是演了一半，比方说四幕，演了两幕，或者在第三幕的时候。基本上没有退票的，这个是对剧社的支持。后来没有一个人不哭的。我现在就很激动，那个场面永远忘不了。当时很有名的一个演员，叫蓝马，也参加了这次演出，蓝马简直是号啕大哭，说没有碰到过这样的事情。这个对于我们的教育是很大的。这么一次禁演，不是给我们把观众隔离了，而是更拉近了，观众更喜欢新中国剧社，更支持新中国剧社，这个是我永远不会忘记的一件事情。

陈：后来改成《风雨归舟》，您还参加演出吗？

李：改成《风雨归舟》，我主演的。修改了哪些我真是忘了，就是那些，"国民党跟日本人一条路、穿一条裤子"这一类的（台词）删掉了。

---

① 钟耀群，话剧表演艺术家，当年在西南被称为"话剧皇后"，是作家端木蕻良的第二任妻子。

我是比较重要的一个角色。我以前都是演一些小孩儿。好像从《风雨归舟》能够演这么一个角色，而且是由洪深导演，就觉得好像在新中国剧社的处境稍微好了一点。因为我在新中国剧社，是不得烟抽[①]的这么一个人物，人也比较小，个子又小，除了演小孩儿之外，不能够派正用场，这是其一。其二，没有一个像我，已经结婚的，还住在家里，隔三岔五这么来一次，也没有这样的。这些都被他们——说白一点的话——瞧不起。其实我跟姚牧到了桂林以后，我就住在剧社。

陈：刚才又说您住在家里？

李：即使住在剧社，我每个礼拜总要回去的，人家没有，这个就不一样。

陈：1943 年，剧社到衡阳、湘潭、长沙旅行公演，您还记得吗？

李：记得太清楚了。那时候在湘潭演出，也是演出大戏，《日出》《蜕变》《钦差大臣》——我先说说《钦差大臣》在桂林的事情吧。我演市长的女儿，严恭演钦差。他们为什么选我演女儿呢？钦差大臣到那个地方，不也是一个县城吗？不是县太爷夫人有一个女儿？就觉得钦差来了，不得了，拼命地拍马屁。他们就说露玲适合这个女儿。为什么？沙市小城跟这个剧本的小城市差不多，她身上带有那种市民的气质，来了一个大官就不得了，要拍马屁这样的。那好，那就演吧，演市长的女儿，严恭演钦差。当年的化装水平多么不好，画外国人不是上高鼻子吗？我跟严恭都上高鼻子，我们导演排的时候，有一个俩人拥抱的动作，一拥抱，动作太激烈了，两个鼻子碰在一块，把两个鼻子都弄下来了。当场哄堂大笑，是演出的时候，这可怎么办？我们就想办法背过脸去，使劲把鼻子黏上，观众也能谅解的，笑笑也就过去了，就是这么一个笑话。

后来到湘潭演戏，国民党军队要来。看戏买票，这不是很正常的吗？他们认为我们来看戏还得买票？谁看戏都得买票，不买票那我们怎么弄？就跟他说理。几个人走了之后，一下子来了十几个，根本不问三七二十一，就往里闯。闯进来以后，那个时候看戏都有茶壶的，你知

① 不得烟抽，方言，意思是不受待见、不被重视。

道吗？有茶杯，给看的人喝茶，他们就拿起那个茶壶往台上扔。那个时候没有电，都是点煤气灯的，一下把煤气灯打着了，台上都是木条子，一下子都着了。这下就慌神了，底下也乱了，台上也乱了。这怎么办呢？不知道巴鸿怎么上到天幕去，一个人把所有着火的木条子、字幕都扯下来了，真是一件大事。湘潭就这么一条街，屋连屋，这一着起来后果不堪设想。巴鸿就阻拦了这么一件大事，给我的印象太深了。大家都称他是我们的英雄，确实了不起。

陈： 在长沙等地，还演出了洪深的《黄白丹青》，阿英的《海国英雄》？

李： 那个跟演剧九队合在一起演的。演剧九队当时有吕复，你知道这么一个人吧？吕复是演剧队的队长，他们当时有演员高博，我们那个时候跟九队就像一家人似的，同吃同住，一块演出。长沙大火以后，我的印象，就是到了湘潭。

陈： 1944 年的 2 月到 6 月，有一个西南第一届戏剧展览会，还记得吗？

李： 那就不得了了，那是在桂林举行的。所有的演剧队，有一个算一个，都来了。剧目繁多，影响很大，是起到了一个巨大的作用。

陈： 西南地方戏曲，您观摩过哪些？

李： 应该说整个的西南戏剧展览我们都参与了，我就知道这么一个大的演出就是了。

陈： 西南戏剧展，您知道是欧阳予倩在那儿主持？

李： 我那个时候很小。但是我有一点点明白，欧阳予倩是代表当局政府那一派的，我们不是，我们是代表进步的这一派的。不这么明确，但是我心里明白，有这么一个界线。就知道他是官家那一派的，他又有剧场，又有工资，跟我们完全不一样的，我们什么都没有的。我们是真的反蒋抗日的，他是公家养活的。

陈： 这次戏剧展，您看戏印象最深的是什么？

李： 我真是记不起来了。这太多了，没有什么印象。在我的印象当中，新中国剧社是最好的，谁演过我不记得。

离开姚牧，回到新中国剧社

陈：您怎么离开姚牧，怎么跟巴鸿老师认识的？

李：我都实话实说，我这个人不会撒谎。其实巴鸿他来的时候，他是有爱人的，叫包素英。我不是说他在青少团吗？有一个负责人叫张友良，后来张友良来新中国剧社了，他就非常想来新中国剧社，经过张友良介绍，他就跟包素英两个人来到了新中国剧社。巴鸿这个人，不是已经说过了，是很惹人注目的，而且是一个非常风趣的人，人缘是非常好。人人喜欢的，包括我也在内。

陈：关于姚牧先生，请您说得详细点，好不好？

李：首先肯定，姚牧对于音乐来讲，他是有贡献的。我觉得他是有音乐才能的，在这一方面，应当是有所发展的，他应该超过现有的成就。这是我的想象，我很为这个人惋惜，惋惜他没有发挥他全部的才能，他把他自己糟蹋了。他的音乐贡献是音乐贡献，他的工作是工作，我首先已经肯定了。

我们再来说说他的为人。我不是参加新中国剧社了？那个时候我大概才十七八岁，我就感觉到，我现在就有一个丈夫，住在人家家里，多难为情？不好意思。我住在新中国剧社，新中国剧社很艰苦，所有女同志一个屋子，住地铺，那我也愿意。但是我不能不回去，反正隔一个阶段我就得回去一次。回去的时候，有几次我就碰到训练班有一个女同学，个子有一米六几，长得真是漂亮，我都认为漂亮。是他们班上最好的一个女学生，女高音，唱得也好。我一去家里就有她，我也非常喜欢她，我们就一起玩，一起吃，唱唱歌，有的时候出去看个电影，玩得很开心。我什么也没有想，回去碰见就碰见了，没有碰见就没有碰见，没有往心里去。这样来来回回碰见过好几次，都没有事，我觉得玩得挺好。有一次回去——必须经过女宿舍门口才可以到达姚牧的宿舍——我经过女宿舍门口的时候，女同学就把我叫住了，说你到我们这来，我有事情跟你说。我说这些女同学挺有意思的，叫我干吗？我就去了。去了她们就问我，你是真不知道还是假不知道啊？我说我知道什么啊？她们说你什么都不知道？我说有什么事啊？她们说你每次回来看见那个谁谁谁了吗？我说有啊，她挺好的，我们一起玩得挺开心的。她说仅此而已吗？她跟姚老师两个人都好成这个样子了，你还不知道？我真是晴天霹雳，一点都没想到！我觉得根本不可能发生的事情！最可怕的是，我那个时候已经怀孕5个月了。当天我去的时候，那个女同学也在姚牧屋里。当时我就想，回头走，还是到姚牧那去一下？我当时很矛盾，不知道怎么样，拿不定主意。想了一下，去吧，最后一次，看看他们两个人，装作什么也不知道。就去了，该怎么玩怎么玩，该怎么吃就怎么吃，以后回新中国剧社。从此以后我再也没有踏进姚牧家里一次。

陈：姚老师知道您怀孕5个月吗？

李：当时不知道。我那个时候，只有70多斤，身体坏极了。他带我看中医大夫，中医大夫告诉他说你对她伙食注意一点，得干血痨了。我从此以后再也不上那里去了，一步都不去了。后来姚牧知道了，知道女同学告诉我这些事，知道我都知道了。姚牧在这个阶段，在桂林开了10天个人音乐演唱会。这10天的演唱会，说得清清楚楚，就是为了纪念露玲，希望我去参加，我就是没去。就是这些人告诉我的，说去吧！他好像已经心里有歉意了，后悔了，向你道歉了，为你演出了这个音乐会，你去吧！我再也不去了。我心里怎么想？我觉得他是一个非常没有情义的人，他不仅背叛了我，他也背叛了路翎，因为我们三个人这么好，路翎对我这么好。路翎让步了，什么话也没有说，而且拜托你了，你好好地照顾她。你照顾我了吗？你对你的同学，对你的好朋友，你守信义了吗？我觉得，这是一个很没有信义的人，不值得我再相信，我就这么想的。

但是当时，给我的感觉是天塌下来了。我自己不会生活，我不知道该怎么办。杜宣就跟我说，露玲你别怕，你这里写状纸，我们去告他。

我说我不。他说为什么不？我说那一告状，那不就把他告垮了？太难看了，太不好了！我就是不去，怎么说，我就是不去告状。我也再不去找他。那孩子怎么办？当时并没有堕胎一说，想都不要想。我现在想，就算有，5个月你怎么堕？也晚了。没有办法，我就硬着头皮，住在新中国剧社的那个集体宿舍，怀了9个月我还在台上演戏，那当然就是跑群众了。我70多斤这么一个小姑娘，演着戏穿那个大裙子，根本什么也看不出来，我还在工作。到了快生的那个月，他们告诉姚牧了，说露玲要生孩子了，总不能在我们剧社生吧？这个你应该负责吧？姚牧就租了一间房子，就是那种用木头、竹子搭起来的房子，也还是可以住的，一进门放了一个二屉桌，一个单人床，剩下来就是一点空地了。我就到新中国剧社，把我的行李搬到那个地方，住了下来。姚牧并没有住在我这里，只是把我安排到这里了。头几个月应该说还是不错的，天天晚上他来，就带我晚上要吃的，就是一个烧饼也是一顿，他剩下的饭也是一顿，反正有什么带什么。带给我吃，还留明天白天的。白天你自己到邻居厨房火上热一热会吧，晚上再给我送来。头一两个月还真这么做的，后来就不这样了。两三天来一次，有时候来，有时候不来。

陈：不来的时候您吃饭怎么办呢？

李：你别着急啊。我这个邻居住的是谁呢？是广西大学的教授，叫林焕平，知道这个人吧？这对夫妻对我就没话说了。他们看到我这么一个孩子，还怀着孩子，姚牧是来一天不来一天，送来的东西根本不是一个孕妇要吃的，仅仅是填饱肚子而已。他们两个人吃什么，给我送什么，天天如此，等于是给他们家里增加了一个人。我就在这样的生活当中，一直到我生产的那一天。我那一天实在难受了，姚牧来了，我就跟他说，我说我不行了，我要去医院了，我肚子疼得难受，他就把我送到医院去了。我这个孩子，一天一夜也生不下来，我的喉咙都叫破了，声音都哑了。后来大夫说了一句话，他说你这个孩子——就是说我——骨盆都没有长圆，怎么生孩子？这不是开玩笑吗？最后不得不动剪刀，孩子是用钳子硬拽出来的，我自己当然就被缝了十好几针。就这样，在医院也不能久住，久住不是要付钱吗？没有过几天，反正是可以出院了，我带着孩子，又回到那个小屋子里去了。姚牧并没有说因为有这个孩子就多给一点东西，多来看看。还是这样，晚上送点吃的来，有时候来，有时候不来。好像这个就不是他的事似的。仍然是林焕平一家，足足把我养了一个月。我觉得，这样的环境我不能再待下去了，我不能累人家林焕平同志一家人。我就自己硬着头皮，把行李裹了裹，带着孩子，叫了一个三轮，我回新中国剧社去了。

一回去，我就碰到瞿白音，他问我：你怎么来了，你所有的角色我早就给你换掉了，你来干吗？我说我不来，我没有地方去，我是新中国剧社的，我应该来嘛。他说你来没有事情做。我认为是我最大的恩人——石联星说："露玲，别理他，他不要你，我们要你，你住下来，没事。"当时，那瞿白音也得听石联星的，她说你住下来，他不要你，我们要你。我已经说过了，集体宿舍，睡地铺，她们当然就腾了一个角落，给我和孩子住下。我没有多少奶，没有吃什么东西，我的身体本来就不好，这个孩子半夜就哭，哭得大家就睡不着。那真是给我急的啊！真是有地缝我就钻下去了。石联星真是没说的——我总是喊她石大姐——说你才这么大，你懂得带什么孩子啊！我记得很清楚，是 1943 年的腊月，我生了孩子没有几天，就过阴历年。石联星就起来帮我带孩子，哄孩子。我奶不够吃，怎么办呢？就去告诉厨房：每天做饭的时候，给露玲留一碗米汤。那么这一碗米汤，就是我孩子的奶粉、牛奶，在奶不够的时候，就用米汤来补，就是这样过的。

所有的角色一个都没有了，我就做一些服装、道具的工作，反正有什么活就做什么活，最主要的是做服装。在这个阶段，新中国剧社是非常困难的，服装除了外国戏非做不可外，中国戏都是靠借。我们借服装的本事到什么程度呢？只要我看中你这一件服装对我有用，这一件非到手不可，到了这样的程度。十之八九都可以成功的。因为怎么回事？新中国剧社在桂林名头很响，都知道我们很艰苦，都知道我们坚持抗战，反对日本帝国主义，这一点是得到大家共同支持的，很容易获得帮助。但是这样我已经感觉很不满足了，看中了那种寄卖行，你们懂吗？我就看中了那个寄卖行，里面衣服真多，就觉得我要能把这个寄卖行打通了就太棒了。

巴鸿出现了，问我，你看中哪个寄卖行，你说，我去给你们打这个外交关系，我把这个寄卖行说通了之后，你们就可以随便去拿衣服。那不是太好了？巴鸿的外交能力，组织工作能力，胜于他的表演能力。我是觉得他选错了职业，他应该是搞外交工作的。我们再说那个美军的那一段，我就可以说清楚这个问题了。他的人缘好极了，你比方说来北影之后，北影多少人？他都认识。我顶多认识一小半。我们俩一起来北影的，他认识这么多人，而且跟大家好着呢，我认都不认识。他的人缘好，他走到哪里，哪里喜欢。这么一个人。他说那行，我去跟你们试试看，他真到那个寄卖行，还真把人说通了。他怎么去跟人家说的，我不知道，反正他告诉你：我讲通了，你们去借吧！这个就是巴鸿给我的印象，这个人给我帮了一个大忙。在新中国剧社，一直就是这么过日子。

1944年桂林大撤退

陈：您提到姚牧老师和学生一起去看电影，在桂林看过哪些电影？

李：我这两天特别想了一下。当时很崇拜的这么一个女演员，也是唱歌的。

陈：是周璇吗？

李：周璇，周璇唱的这个歌人人会唱的，《四季歌》。巴鸿还带我看过一个。不是跟姚牧，姚牧已经不来往了。

陈：您也跟姚老师看过电影，您刚才说，三个人看过电影？

李：我想想看。那是跟姚牧他们一起看的，那个《四季歌》，还看过阮玲玉的。

陈：阮玲玉是1935年去世的，抗战时期还能看到她的电影？

李：那就是看胡蝶的，看过电影不记得了。

陈：电影院的环境是什么情况？

李：这都不是属于我要管的。是一个很简单的电影院，是木头椅子，可以翻转方向的木头椅子。

陈：电影票价是多少？

李：那不是我的事。我不过就是被带去看看电影就是了。这一点说起来很可笑，到现在为止，我这个人大门我都不会开。巴鸿为这个事跟我生气，站到旁边要我学，我也不会一个人出去。我干吗啊？我费那个心？告诉我那个钥匙怎么进去，我也开不开，不会。年轻就这样。

陈：大转移前，女儿为什么没有交给姚牧老师呢？

李：我已经说过了，自从那以后我没有踏进姚牧家门一步。我觉得这个人不可信。当时我就是这么想的，现在他把我扔了，我还有新中国剧社可以靠，新中国剧社还可以来照顾我。我说我要再跟他，长得漂亮的人有的是，他永远教书，不断地会有学生，他要再喜欢别人，再把我一扔，我靠谁啊？我是这么想，孩子能给我带的，我带死也不给他。我一直带着，一直带到桂林大撤退，叫十万人大撤退。我们新中国剧社已经决定，我们要随着这十万人，实际上就是去贵阳，要步行去。我能带着一个一岁的孩子走到贵阳吗？这是不可能的

朱琳、严恭这些人，他们都有办法，都有车，都走了。都是他们自己的关系，桂林谁不知道朱琳啊？谁不知道严恭啊？没有人知道李露玲啊！剩下的一部分人，可以说是大部分人，没有车。姚牧也是搭车走的。我不能冤枉他，走的时候来说了：怎么样，你跟孩子跟我一块搭车走吧？不去！你走你的！你走你的阳关道，你别管我们，孩子也不给你，孩子我管。我就觉得我憋着口气，我干吗低这个头？我宁可死在路上，我就这样。你别看我小小的个儿，我挺要强的。已经到了最后真的要步行的那一天了，石联星说："露玲，你这样不行，你背不走这个孩子。而且新中国剧社要保全自己的实力，我们不能把新中国剧社的财产全部扔掉，我们身上能背多少新中国剧社的东西，我们就背多少。我们是要背着新中国剧社的东西走的，孩子你背着也是死在路上，你背不走的，我现在有一条路，我都给你讲好了。"我说："什么路？她说："《大公报》记者高元礼是我的好朋友，我已经问过他了，他满口答应，愿意带你的孩子走。他把她带到贵阳，他家在四川，带到那里以后的事情再说，好不好？"我说好。这不是孩子就有活路了？对于石联星，我是绝对相信的，就这样把孩子交给高元礼的。高元礼他们夫妇两个是不是能生育，我不知道。我的这个大女儿，童年是非常幸福的，高元礼夫妇待她如掌上明珠一样。这个孩子就是这么带走的。

我开始了艰难的岁月，开始走路。那个时候走，不是晚上走，是白天走，全部是两只脚，每天这么走，走的这个脚上的泡就不用说了。石大姐这人的为人真是不错。石大姐说：露玲，我也不搭车，你说还有这么多同志，要是老同志都走了，这一帮年轻同志怎么办？我跟你们一起走。人家有地下党的联系，我当时不知道，后来才知道，实际上石联星是一个长征干部，她是在瑞金被捕的，这个以后再说。实际上石联星是

为了起带头作用才留下来，为了鼓励大家度过艰难岁月才留下来，所以我觉得石联星真是石联星。她就是为了这个，没有搭车走，跟大家一起走的，女同志只有我和她，没有第三个女同志了。

我负责管盐，吃的盐，你知道吧？在贵阳那一段，那个地方缺盐，都是大脖子。那个时候我带的是一块盐巴，你看见过吗？一块硬硬的东西。我们白天走路，晚上休息，中午碰到什么东西就坐下来吃，比方说吃一块饼什么的，吃一口饭，蘸一点盐水。有时候还买点菜吃吃，没有菜的时候就蘸盐巴水。最后这个盐巴水一定不能糟蹋，泡的这碗盐巴水，没有喝完那怎么办？倒掉多可惜，一个人喝一口，就把它喝完了。你想不到吧？盐巴是硬硬的这么一块，像碱一样，一块白的。我就管这个。晚上到了，石大姐就弄一碗热水，给你把脚上那个泡挑开，用热水泡一泡。我哪懂这些？她懂啊，人家从瑞金过来的。她泡泡脚，完了好好睡一觉，第二天再走。

最使我忘不掉的，就是在六寨[①]。从桂林到贵阳，有一个地方叫六寨，日军轰炸得厉害，有一次一排机关枪的炮弹，真是从我跟石联星的身旁擦肩而过，一连串的炮弹擦肩而过。那个飞机好像就在头顶上似的，这么矮。石联星就把我摁着，不准动，不要吭声，就是这样的。我们身上有一些伪装的，总是带点绿色树叶子，都是头上顶着，身上披着的，白天走都是这样的。最可怕的一点就是轰炸，每一次轰炸完了，没有声音了，我们还能对话，知道自己还活着，这是一段。

还有一次，要翻过一座雪山，他们都翻过去了，我大概是最后一个。瞿白音这些人都走了，谁带队？汪巩。汪巩先翻过了那座山，在必须经过的那个地方等着，有人来了，他就拽一个，我大概是最后一个。他说小鬼啊，你这个身体，你是怎么过来的？他说完，自己就哭了。我什么也没有说，就把手里那一块盐巴给他了，他拿的时候，就哭得更厉害了。“你这个小鬼啊！”一把就把我拽上来了。现在，这个镜头还在我脑子里。我有一篇文章叫《艰难的岁月》，我刚才又翻了一遍，我怕我把年代记错

---

① 六寨，属广西壮族自治区南丹县，与贵州省独山县交界。

了，一点没有错，1944年的夏秋之间。我也哭了。我那时候哭，我觉得我很高兴，跟上大部队了。

陈： 你为什么要把盐巴先递给汪巩？

李： 我完成任务了。我高兴我爬过山了，盐巴我没有丢。这是最宝贵的东西，我没有丢。我就记住这么一段。就这样，我们到了贵阳。也不是马上就到昆明，杜宣先到昆明去打前站，要不然我们去了，没有一个安身的地方，怎么办呢？他去打前站，他去了以后来一封信，叫巴鸿速来，有急事。好像要跟他一块儿搞前站似的，实际上不是。他叫巴鸿去参加美军那个情报所[①]。我们还要往昆明走，不能一口气走到，到哪儿了呢？到达安顺这么一个很小的地方。昆明还没有安排好，我在安顺待了一个阶段，待了很长的时间，几个月，而且还演出了。我在安顺头一次主演《心狱》，于伶的作品，是严恭导演的。严恭那个时候还正式跟我们讲课，有时间了，上课。这是我第一次接触理论上的东西，所以我有印象。我为什么要提安顺？那个时候得肺病的人太多了。安顺有一种病叫回归热，回归热你听说过吗？我听说过，我那个时候还在新中国剧社管卫生，费克的一个女孩子得了回归热，快极了，没有两三天就去世了。一点儿办法也没有。其实那个时候费克也是肺结核了，天天咳嗽，有的时候咳嗽就带血丝。那个时候我就知道，肺病是干咳，不是咳好多痰的。实际上那个时候我已经感染肺结核了，自己不知道而已。我没有咳嗽的症状，后来发现我有肺结核。

在安顺就演了一个《心狱》。后来就有车了，就到了昆明。这我还记得很清楚，就在昆明湖畔[②]，那是昆明人最得意的这么一个地方。旁边有一栋房子，是楼上楼下，那真是漂亮了。那过的就不是睡地铺的日子了，有房间了，挺好的。这个时候大概已经到了1945年。这个时候巴鸿还没有来剧社，还在中美合作所。我们在昆明，要在昆明站住脚，演什么呢？想来想去，排巴金的《家》，只有这个戏能打响。谁导演的呢？觉得都不

---

① 指的是中美合作所，全称是中美特种技术合作所，是第二次世界大战中，中国和美国军事情报机构合作建立的战时跨国情报机构。

② 指的是昆明的翠湖，又名九龙池，位于昆明城中五华山西麓，是城区的中心观光点。

行，那个时候章泯也到了昆明，我们想试试看，请章泯来导演。

陈：章泯老师当时不是新中国剧社的吧？

李：绝对不是。他们就是这么想，说我们去试试看吧。我问章泯是什么人呢？他们就说了，章泯是20世纪30年代在上海怎么怎么的。我们心想，老天！来这么一个大导演，这可是新中国剧社的大事一桩！章泯还真是答应了，就来排。当时演瑞珏的是谁呢？有一个叫白露的，上海的一个演员，后来电梯摔死了。觉新是高博，冯乐山是那个蓝马，还有鸣凤跟婉儿啊，新中国剧社有两个孩子，一个是我，还有一个演婉儿的。说章泯同志，这两个女孩子的角色我们就不外请了，我们剧社就有这么两个小演员，您选吧。他就看了看我，也看了看另外那个同志，“鸣凤我就要她”，指着我——这就是我当年的鸣凤。[①] 照片我们到时候拍，您看看，这个是当时的鸣凤——选中我演鸣凤，当然高兴了。章泯同志这个人，非常内向，很难叫他说句话，但是这个人平易近人得一塌糊涂，你觉得他很严肃，但是他也很和蔼，就是这样一个人。排他的戏，他很少训斥一个人，说一些叫你受不了的话，没有这样的。他总是说你觉得这样好呢，还是那样好呢？你是不是这样更好一点呢？都是这样的口气，商量的口气。当时这个《家》在昆明一炮打响，那真是轰动了。我就是这部戏成功了，我也演好了。

还有1945年，我们演《金玉满堂》，正在演出呢，外头鞭炮声、人声嘈杂，开始我们没有在意。后来觉得不对，这个声音越来越大，人声越来越嘈杂，观众也往外跑，这是怎么回事啊？台上的戏演不下去了，我们剧社的人跑到后台来了：“别演了，别演了！日本投降了！”就是当天的晚上，8月15日。这我记得太清楚了，当时那狂欢劲儿，就别提了！赶快脱服装，把东西收拾起来。这一个晚上，就没有停过，又是唱，又是跳的。这半年总算过去了。

这个地方，我有一个插曲，跟新中国剧社无关，但是对我一生的影响是比较大的。你知道，当时昆明有一个西南联大，文艺活动是很活跃

---

① 采访时，口述人拿出当年的剧照，其中有口述人出演鸣凤的剧照。

的，他们有一支叫作文艺宣传队还是合唱团这一类的组织，就是唱歌、朗诵。新中国剧社有人积极参加，有我、费克，还有一两个男同志，女同志就是我。我们跟西南联大关系非常密切的。年数我都记不得了，有一天，突然告诉我，说是李公朴、闻一多被蒋介石暗杀了！我的印象太深了。当时我的印象，民盟跟共产党没有任何区别，都是抗日，都是反蒋，都是进步的，那不就是一家人吗？在我思想当中是一样的。当时我就知道了，这两个人是民盟的，给我留下了深刻的印象，这就为我以后参加民盟打一个基础。在昆明就是这么几件事情：一个《家》，一个日本投降，一个李公朴、闻一多被暗杀，昆明就给我这么三个印象。

陈：插一个问题，从桂林到昆明，您给家里写信或寄钱吗？

李：我想想，我没有钱可寄，信也没有。他们也不找我。抗战胜利以后，多长时间给家里写的信？我告诉你，这个事情要等我到了香港以后，我有钱了。

陈：五六年时间没给家里写信，生死两茫茫？

李：我怎么给你说呢？我老实说，陈墨同志，我对家庭没有多少留恋，没有多少想念的。我已经给你说过了，我只是对我母亲无限的同情，除此以外我对我姐姐是瞧不起的。我非常同情母亲，我觉得有姐姐照顾，就是这么一种心态，没有什么让我想的。我曾经有过这么一个消息——家丑不可外扬，我这个人也不会说假话——我听说我姐夫为日本人做事。我听说他们的生活，过得比我在家还好。我不知道这个来信是来自哪里？或者是余明英告诉我的——恐怕是她告诉我的，因为她跟家乡的联系比较多。我自从听了这个消息以后，我瞧不起他，用我的话来说，那就是汉奸。这样的家庭，我有什么好留恋的？

陈：您再见到家人的时候，确认姐夫当年给日本人做过事？

李：确实当过，在日本统治下做一个小公务员，帮助日本人来维持秩序的这么一个职务，那我能看得起吗？与我的想法背道而驰。

新中国剧社的同仁们

陈：请您说说新中国剧社杜宣、许秉铎、严恭、石联星、朱琳这些人。

李：我先从严恭说起。严恭这个人吧，可以说还是很严肃认真的一个人，他对自己的事业，那没有什么可说的，非常有条理，生活是非常的有规律，非常的一丝不苟。比方说，我们现在在工作，现在是我需要吃苹果的时候，你有不得了的事情也要停下，我也要吃苹果，是这么一个人。这是严恭。

石联星我觉得还没有说全。她的第一个丈夫，在长征过程中牺牲了。她在瑞金参加宣传队，出去宣传去了，等他们宣传回来的时候，长征队伍已经出发了，她没有办法，只好留在瑞金了。那个时候国民党已经进入瑞金了，国民党一进来，石联星头一个被捕，进了监狱，在监狱里待了很多年，是我们党把她营救出来的。为什么让她演赵一曼？是总理的意思，赵一曼不是别人能演的，必须是石联星。因为她有亲身的经历，我觉得石联星不愧为一个共产党员。我们不是到贵阳？到贵阳分手了，她只给我一个人说，她说：露玲，我告诉你一件事情，你什么人也不准说。我说，你告诉我，你要我不说，我肯定不说。她说我不跟你们去昆明了，我不能再留在白区了。她说留在白区不是不好，工作的分工不一样，白区也是需要人的，现在我可以不留在白区了，我要去延安了，组织上已经给我安排好了。你们去昆明，我要去重庆，到了重庆以后，就要去延安了。到了延安以后，她才入党，证明人是周总理。她到了延安以后才结婚，丈夫是凌子风。

朱琳一直是一个红星。怎么说呢，我觉得朱琳有一个很好的优点，宠辱不惊，是这么一个人。她也是一个马大哈。虽然是不得了的一个明星，非常平易近人，是很好的人，没有任何坏心眼。但是不像石联星，为人想得那么周到，真是这么一个老大姐，她不是。

刁光覃是一个非常可惜的人物，一个非常好的演员。他可惜在什么地方呢？后来得了老年痴呆，他是老年痴呆病死的。他老年痴呆的时候，住在中医院。

陈：请您说说新中国剧社时期的刁光覃。

李：就是一个普通的演员，人非常好。他跟朱琳两个人非常好，朱琳跟他关系已经很不一般，就是这样一个人。

陈：许秉铎呢？

李：是一个老好人，许秉铎真是一个最好的好人。我最喜欢让他讲故事，他也最喜欢给我讲故事，因为我反应强烈。我是属于感性的人物，我不是一个理性的人物，到现在为止，我还是。他就跟我讲上海，这个、那个。我就讲一个故事给你听吧，他不是一块儿跟我们去香港嘛，我们到了香港，那天晚上已经很晚了，我说，我听说香港有电梯，我说你告诉我电梯是什么样子？他就告诉我，电梯是什么样、什么样，我说不行，我一定要看电梯，你一定要带我去看，明天也不行，我现在就要看。许秉铎就带我过海看电梯，原来电梯是这样的。真带我过海啊。

叶以群是一个文质彬彬，书生气十足，非常会照顾人的这么一个好人。那个时候我不知道他是党员。巴鸿去东北了，我生我这个儿子的时候，他不在我的身边，整个那一个月，全部是叶以群照顾我的。所以你昨天一说叶以群，我心想，你怎么会认识叶以群的呢？

新中国剧社一分为二

陈：《金碧交辉》《风雪夜归人》《牛郎织女》《草莽英雄》，这几部戏的演出情况，您还记得吗？

李：这个是分家以后他们的事情，不是跟我们在一起。

陈：那您就说分家吧，是1947年秋天的时候？

李：1945年不就是日本人投降了？日本投降以后，巴鸿回来了。中美合作所，就是搞情报的那个机构，就结束了，取消了。一下分给巴鸿多少呢？当时的钱，中国的钱，一百多万①。他回来，一分不少，全部交给瞿白音——对，交给了新中国剧社。日本投降以后，不是都有记载吗？不是有两派吗？一派要回上海，一派要南下。这个钱交到了瞿白音手里，当然瞿白音就有使用的权力，他们就搞了一个比较大型的所谓公司。这个公司你知道要干什么？又有出版的，又有什么剧团，又有这，又有那，就支配这一笔钱。这是剧社的事情，我不管。巴鸿在桂林的时候，我已经说过了，巴鸿是很招人喜欢的这么一个人，群众关系也挺好的。那个时候，我对巴鸿的印象就非常好，巴鸿应该说对我的印象也特别好。

陈：等会儿，您是先谈巴鸿老师，还是先谈剧社分家？

李：你先问哪个吧？那讲分家吧。因为这个和剧社都是连在一起的，不可分割的。剧社要分家的事没有我的份，实际上就是严恭跟瞿白音两个人在斗，说得不好听的话，就是争权。汪巩是一个大好人，只会做事，

---

① 此处记忆有误。巴鸿交给新中国剧社的钱，主要不是情报组织“分”的，而是巴鸿用情报组织活动经费买卖黄金的钱、倒卖器材及设备的钱加在一起。

什么事让他做，他就做，从来没有要争权，最好的好人。严恭可不一样，与瞿白音绝对不一致，针锋相对。他对瞿白音说这个时候，不是你们说的搞正规化的时候，抗日是结束了，反蒋结束了吗？言之有理啊。

陈： 瞿白音是要到华南去建立一个正规的剧团？

李： 不是正规的剧团，是正规的公司，手里有钱了，一百多万呢，你别忘了。那个时候的一百多万，要开一个公司。公司开了没有？开了，证是有了，后来不是一分没有了？就是这么兵分两路了，并没有征求每个人的意见，你愿意到哪，人家早就看出来巴鸿跟我两个人挺好，都不由分说。我跟你说心里话，我觉得严恭说得对，抗日是结束了，反蒋还没有结束。

陈： 那您为什么不跟严恭走呢？

李： 为什么不跟那边走呢？一下子就给我分到这。对瞿白音这个人，我的印象是不好的，但是有一点很吸引我，有章泯啊。

陈： 对瞿白音的印象不好，是因为什么？

李： 我带着孩子刚满月，我不是到新中国剧社？他说你怎么来了？你来干什么？你的角色我早就换人了，你来干什么？绷着个面孔。怎么说呢？我们首先是大前提，瞿白音对戏剧还是有贡献的，但是这个人的为人非常欠缺——我不想说，我不想伤害一个人。因为他对我也没有什么影响，我觉得最靠得住的是自己。剧社就分开了，兵分两路，我们到了广州。我们在广州排了一个戏，要申请公演；申请以建国剧社的名义，在广州落脚。结果广州既没有准这个戏演出，也不许成立剧社，那怎么办呢？转到香港吧。到香港了。

陈： 建国剧社不予登记的原因是什么？

李： 不予登记的原因很清楚，这个书[①]：上写得很清楚，你们是新中国剧社分出来的一个支队，是新中国剧社就不能登记。很简单。新中国剧社当时的影响就是这么大，新中国剧社当时是左派组织那一部分的人。

---

① 是指《驼铃声声：新中国剧社战斗历程》，桂林市政协文史资料委员会编，1991 年。

我们当时到香港的人，除了瞿白音以外，有章泯。还有一个叫周刚明的人，是当时的领导人，党的领导，就决定去香港。

到香港住在什么地方呢？日本人轰炸过的，没有门、没有窗子的，但是楼是很漂亮的，住在这么一个楼上。打的是地铺，这就不用说，吃的那个米是碎米，里面有石头，什么乱七八糟的东西都有的，就是过着这样的日子。章泯在香港，住在香港的太子道，华人高级住宅区，是两层楼，一层是他跟江韵辉他们两个人住的。瞿白音跟他的爱人雇了一个保姆，也是这么住一套。章泯怎么样？虽然是有这么一套房子，可是章泯天天到我们这里来，跟我们在一起吃，有的时候住。吃是绝对天天跟大家在一起。这些米是章泯活动来的，章泯负责把这些人能安排的，尽量地安排，瞿白音不闻不问。人家章泯只是一个导演，与行政无关的，而且是客座的，不是你新中国剧社的成员。你瞿白音是领导人，是领导我们这一批人来的，是你坚持要到华南来的，你不应该负责吗？你有责任没有？不要说是领导人，就是一个朋友，看到这么一帮人，你也伸伸手，关心一下，似乎一切都与他无关。我就觉得这个人平常的为人太势利眼了，只认得明星，只认得他认为有用的演员，一般的人不在话下。能这样吗？做人不能这样的。

到了香港，就排了一个《钦差大臣》，瞿白音导演的。工会的、学校的都组织来了，人家说："这是干什么啊？根本看不懂！"——你说普通话，他们一句听不懂，毫无市场，一点办法没有。瞿白音手上那点钱，也差不多没有了。当时在香港，夏衍也在，邵荃麟也在。邵荃麟是香港整个党的负责人，他们做的工作就是给你组织工会、组织进步学校，这些基础的工作都给你打好了，你一下来个普通话，不行。后来章泯还排了一个《孔雀胆》，也没有演出，只是排练了。排《孔雀胆》，也是我演的，没有公开演出。在这种情况之下，没有办法，才又说，大家化整为零吧。把自己吃饭问题先解决。

和巴鸿结婚

陈：请您说说化整为零。

李：是呀，为了保存力量，先化整为零。我不是跟你已经说过了？我首先找到工作了，我就不住这个破房子了，找了一间房子住下了。巴鸿就说，那我搬到你那去住？那你来吧。行李一卷，就到我这来住下了。这很简单的事情。

陈：您跟巴鸿老师结婚，没有举行婚礼？

李：你听我说完。那时候有点钱，家里有一个保姆，就在家里做了几个菜，请了这个瞿白音、章泯、叶以群，还有顾而已，反正就是这么几个人，吃了一顿饭，就结婚了。“给大家宣布一下”这一类的话没有说，大家心里都有数。住在一起就结婚了，就这么简单。从那一天起，一直到现在。两位丈夫，没有说什么我爱你，我们要这个白头偕老，要什么、什么，这一类的话，我一句都没有听见过。

陈：巴鸿老师跟您是白头偕老，60年。

李：我就说，这一类的话，没有说过，也没有听见过。

陈：巴鸿老师原来有一个太太，后来是怎么回事？

李：我们现在说巴鸿，好不好？话题转到巴鸿。巴鸿他们叫少青团。他反正参加了那个团，也是巡回演出，到了一个地方，好像是接近农村的那么一个地方。天很热了，他就穿了一身白睡衣，就往草地上一躺，凉快凉快。那个时候他们都兴打猎，他们团长带了一支猎枪，也是散步、乘凉、打猎，一看那个白的，还在动，以为准是一个小白兔，砰一枪过去，巴鸿的腿打穿了。

陈：那是在什么时候？

李：1941 年以前。腿打了以后，那真是不得了，根本就找不到大夫，他们有一些土办法，就这么医治的。已经过了好几天了，腿就这么流血、疼，整个腿肿得不像样，都发紫了。碰到一个老头，这个老头一看，说小伙子，你真有命，你碰到我了，要是碰到别人，你这个命早就没有了。巴鸿告诉我，这个老头子就拿一些什么东西，往那里一系，我现在理解，就是不让它扩散的意思。他自己找了很多的草药，就是这么给巴鸿敷。巴鸿说，简直疼得死去活来。有时候，还要拿刀子给你割掉一点，那只好随他弄，不弄更没有办法。就是这么一个老头，硬是把他的腿给治好了，但是你别看，巴鸿的这个脚永远是这样的，长不直了。

他怎么来新中国剧社的呢？他们有一个负责人叫张友良①，张友良就觉得这个少青团不行，新中国剧社好像比他们更好，更强大一些，他就到了新中国剧社。这个张友良跟巴鸿还是很友好的，后来巴鸿也要求，说你能不能介绍我也去新中国剧社？张友良说我试试看。就跟这个新中国剧社说，我们少青团有什么什么人也想来。瞿白音也答应②，说可以，叫他来吧。他不是一个人来，跟一个叫包素英的一起来，他们俩并没有结婚，只是他们俩很好。来了，巴鸿并没有当演员，鄙人那个时候已经是演员了，演了《大地回春》，而且很叫座。他来干什么？提词，就是拿剧本，怕演员忘词，当提词。他有时候提词提得也不怎么太对，我就告诉他，我们这位许秉铎老兄是永远记不住台词的，我说你提词一定要跟着许秉铎，许秉铎走到哪，你也要走到哪，你不能站在一个地方提词啊，应该跟着他走。这个对他来讲也是一种帮助吧，而且我演了这么一个小奶妈，还是这么叫座，挺讨好的这么一个角色，大概他就有点印象了。包素英这个时候来了，还什么也不是，也就管管服装什么的。包素英是一个什么样的人呢？不到一米六，比我高，像一个大人的样子，不像我，像一个小孩。她喜欢巴鸿，没有看过一个女同志喜欢到这样的程度的，是非常喜欢。陈墨同志，你昨天问我，跟巴鸿两个怎么好了？我实在说

---

① 此处记忆有误，张友良不是巴鸿所在的“沪港粤少年随军服务团”负责人，而是被邀请去服务团担任辅导工作的演剧队队员。

② 据巴鸿本人的陈述，他进新中国剧社是由杜宜批准的，不是由瞿白音接收的。

不出来。我不知道，他为什么对我这么好。正如你所说的，巴鸿这小伙子，仪表堂堂，人缘也好，而且非常风趣，很会说幽默的话，很得人喜欢的这么一人。因为巴鸿是这么一个人，当然我也有这么一个印象，喜欢上他，不是我一个人，都喜欢他。

我们新中国剧社吃饭，有时候是自己有自己的餐具，拿着去打一点饭菜回来；有时候有点菜的话，就八个人一桌在一起吃，这两种形式都有。我怎么发现巴鸿对我好的呢？比方说，八个人坐着吃饭呢，他就夹菜，使劲往我这夹，别的同事就开玩笑了，你把菜都给李露玲，我们吃不吃？你要把菜给她，你就别吃。巴鸿就说，不吃就不吃，就给她吃。我后来理解，他就是做给包素英看。去打菜也是这样的，我先打回来了，他再去打，他打菜回来肯定先找到我，把菜给我。在那个年代，你知道吗，他能给我一根牙膏。我那时候（有）很少的钱，只够买牙粉，每天蘸点牙粉刷牙，牙膏对我来说，太高档了。怎么会这样呢？当然就引起我的注意。

后来有一件事情，对包素英的打击是最大的。包素英爱他到什么程度？夏天把他所有换下的衣服都洗，洗好了，叠得好好的，放在一个箱子里，装得好好的。巴鸿趁着那个人在——我还在呢——就说："哎哟，这是谁啊？做这个好事，把我衣服都洗了，我想谢也找不到人！"我心里当然知道了，他喜欢我，已经表示得很明显了，我对他的喜欢，我真的想不出来我给他做了什么？你要我给他去洗件衣服，这是不可能的事情。反正我对他的印象，就这么好。有一次出发到一个地方去演出，是冷天，他穿着靴子，穿着厚的裤子、棉袄，这个人调皮得要命，就在甲板上溜达。你在甲板上溜达当然可以了，根本不在意，"砰"，掉到水里去了。我也在甲板上呢，这一下把我吓坏了，我就拼命地叫，叫水手，说有人掉下去了，你们赶快来救！当然水手就来了，确实很危险，那个船还在走。好几个水手把他给救起来了，你猜他说什么？你干吗喊人救我啊？你为什么要喊人救我？我知道你就怕我淹死，是不是？你说心里话，你是不是怕我淹死？我回想了，我当时的回话大概是："谁说的？我才愿意你淹死呢！"这是我对他爱的最明显的一次表示吧，这好像是最贴心的一句话。我们一辈子就是这么走过来的，就是这样。

他来新中国剧社，怎么回事呢？日本已经投降了，我不是已经跟你说了，新中国剧社这个服装都是借的，道具也是借的。不是要演《家》了？要去借服装。他哥哥也在昆明，住在他嫂子家，他嫂子是什么人家呢？就是跟《家》里描写的那个家一样的，这么一个家庭。《家》里所要的东西，那就派人去借，那没有派别人，就是派我去借去。是什么戏我不记得，就是派我去借东西。应该是这样的，反正是巴鸿在，我就去借。三番五次，去了又去，反正我一去，要的东西准是没问题，就拿回来。有一次去是白天，巴鸿也在，巴鸿说，你老是来我们家拿东西，你知道是为什么？我说那不是很明显吗？我们新中国剧社需要。他说就是这个吗？我说那当然了。他说你还知道什么吗？我说我不知道。他说我告诉你。我说那你说吧。他说这里就是你的家，我就都把这个说给你吧！他就紧紧地把我抱着了。而且人家已经说了，这就是你的家！我就怎么说呢？就二次再婚了。这一次，除了他知道，就是我知道，没有第三个人知道。你想想，有了这样的关系以后，能和普通人一样吗？他会不断地来剧社，那个表现能一样吗？这种暗流，一直保持到香港请客为止。

陈：抗战期间，巴鸿老师还做过军事情报工作，这段故事您听说过吗？

李：我知道，这个一定要说。他去中美合作所[①]，是杜宣要他去的，交代得很清楚，有关抗日的情报我们要，与抗日无关的情报一律不管，只有这一个任务。你知道，当时四战区有一个叫张发奎的，有一个机要秘书，叫左洪涛，这个左洪涛是地下党的党员。张发奎一概不知，一点没有察觉出来。张发奎非常信任这个左洪涛，非常依赖他，杜宣把这个事情告诉了巴鸿，说有关抗日的情报，除了告诉这个中美合作所以外，你觉得可以不必告诉他们的[②]，应该告诉我们自己人的，你找左洪涛。所以巴鸿是立功了。搜集了很多有关抗日的情报，有的就给美国，有的就

---

① 此处记忆有误。巴鸿从未在“中美合作所”工作过，他是在1944年经杜宣介绍参加了美军情报工作，是为美军第14航空队及美军陆空军辅助总队及驻华战略情报总署（O.S.S.）工作。

② 此处对巴鸿参加美军情报工作的讲述，与巴鸿本人的记述不完全一致。

给左洪涛了。广西有一个叫百色的地区，巴鸿是百色的一个负责人，他已经发展了王逸、李志仁，还有一个人的名字我想不起来了，已经发展了有四五个人，巴鸿负总责，一直工作到抗日战争结束。

巴鸿除了为人非常活跃，人缘非常好，群众关系非常好。巴鸿应该说是一个洋少爷。在新中国剧社，他姐姐为了他读书，要把他领回去读大学，来新中国剧社就不止一次，他的大姐跟杜宣已经成了很好的朋友，巴鸿就是不去。我们回到北京以后，那就更不用说了，美国护照、加拿大护照全部办好[1]，只是签个证就完了，巴鸿就是不去。巴鸿认定这一条路，就是当了右派了，还是照样走下去，这一点是巴鸿最可贵的一点。反正我知道这一部分是这样的情况，至于别的怎么样，我不知道。

陈：您说一说巴鸿老师的家庭？

李：巴鸿的家里是有大批的土地。没有一个做生意的人，就是靠土地，土改以后没有了。他们家里，其实是靠他几个姐妹，一个比一个漂亮，他的大姐是——南京有一个金陵大学吧——是校花。他几个姐妹都是金陵大学的学生，以他的大姐最为出色。夫家一个比一个有钱，我已经说了大姐夫家是东南亚的面粉大王，二姐是嫁给了大姐夫的弟弟。一个妹妹嫁给了周作民——知道这个人吧？是金城银行的总经理的大儿子，现在此人还在，是在德国留学的，学机械的。

---

① 指的是中国护照，美国、加拿大签证，这句说的是1980年以后的事。

在香港找工作

陈： 建国剧社要化整为零，您找工作的具体情况如何？

李： 那个时候是邵荃麟、夏衍，党的负责人就是这两位同志。经他们研究以后，我们演《钦差大臣》，他们都尽自己能力做工作，把工会也组织起来了，能够组织的进步学校的那些学生团体都组织来了，但是看不懂。怨谁？他们没有听过国语的对话，看不懂，话剧很显然是没有前途。在这种情况之下，领导上就决定还是要保全实力，先是化整为零，建国剧社并不是解散，有机会我们再进行活动。有这么一个决定下来，那就好办了，等于是各奔前程。虽然是这样，党还是在进行工作。比方说朱石麟找演员，这些大导演不会是自己来找演员的，除了主要演员他指定了，一般的角色，跑龙套的，有一个人专门管找演员的。大概是党组织——这个是我推测——打通了找演员的那个关系，所以他就不断地来找建国剧社的这一批人，不是真正的演戏，跑个龙套，有个三五句话，演员名单上绝对找不出来的。总的来说，是处于这种状况。巴鸿这个人是比较风趣的，《清宫秘史》，巴鸿参加了。巴鸿说：我今天拍电影了，你们可注意，有一个特写镜头，出了一个右肩膀，还有一个胳膊，那个就是我。自我调侃。就是说明当时一般的情况，只不过是为了混口饭吃，如此而已。作为我来讲，有时候还有几句话，有时候确实还有一点戏，你说的《各有千秋》，我觉得我有印象。

陈： 您是先拍电影，然后才找德真女中的工作呢，还是同时？

李： 我先找到德真女中。那个时候还没有拍戏。就说找工作。找工作怎么找？谁也不认识，只有翻报纸。那个时候《华商报》什么东西肯定是不会有的。找《文汇报》，那个上面招工、招生这些东西肯定是会有很多的。我就找定这一份报纸，一看，果然，德真女中要招考一个国文教员和音乐教员。我了解一下，德真女中是什么呢？是英国基督教会主办的一个女中，换一句话说，是非常高档的一个学校。当时我想，这个工作我可以做，它虽然是高档学校，我就不相信这一关我闯不过去，我得想办法闯。自己要化好妆，化成很有修养的一个资产阶级小姐。当时就有这么一个思想。去烫发，把辫子剪掉了。没有衣服，进商行买了一件旗袍，鞋子也是人家穿过的，高跟鞋，长筒丝袜。自己已经装备齐全了，看看还可以，还像那么回事。我问问我那些同事们，怎么样？挺好，像一个有钱的小姐。行了！我就满怀信心，就去了。一去之后，比方说这一个屋子，坐得满满的，都是来应聘的，打扮得比我要高档，化的妆，一看人家就真的是资产阶级家里来的人。我坐那儿也不吭气，那个招考的人，都不叫的，都是自己去。她们一个一个都抢着去，我想你们去吧。我架子得拿足了。都走完了，这个屋子就剩我一个了，那个招考的人过来了，这位小姐你是来应聘的吗？反正这一类的话。我说是，我说轮到我了？他说是。他们已经不耐烦了，因为考了那么多，已经厌倦了。我在那儿买一张报纸，看报纸。我说你们考什么？考吧。那好吧，把你那张报纸完全用国语念一遍。这对我来说，实在简单得不能再简单了，我找了一篇不带政治性的，就给他念了一遍，那绝对是有腔有调的。完了之后，好像那个考官脸上的表情都变样了，不像那么不耐烦了。我先说话了，我说你们不是要应聘一个音乐教员吗？你也会音乐？我说试试看。他们不是摆着钢琴吗？我说试试看。那好，你请。我就上去，弹了一个《牧童短笛》，贺绿汀的，他们大概一辈子只听过唱诗那一类的东西，哪里听过《牧童短笛》这一类的东西？《牧童短笛》我是弹得很熟练的，弹得很好。我看（考官）那个表情，好像更满意，没有想到这个人普通话说得这么好，钢琴又弹得这么好。其实我的普通话根本不标准的，但香港人看起来，那不得了，都竖大拇指了。我说好吧，没有事我就走了。“你稍等等，休息一下。”对我很客气了。完了他们几个人在那儿叽咕，叽咕了一会儿，就问我，你叫什么名字？从哪儿来？我就告诉他，我是从哪儿来的，我说新沙女中也是教这个的。他们一听，“新沙女中是一个什么学校呢？”我说新沙女中是美国基督教办的一个女中。他们又商量了一会儿说："李小姐，我们决定了，你被我们录用了，可以给我们看看证件。"我说我是来看我的姐姐，我是香港来玩的。我说哪里知道这个？看你们有招考的，我来试试，我来香港见识见识。他问那你姐姐住在哪儿呢？我赶快说，我的姐夫是谁。一说他的名字，住的那个地方，是面粉厂的总经理，面粉大王。这一方面也妥了。

陈：这个姐姐，是巴鸿老师的姐姐？

李：当然。我哪儿找去？我跟巴鸿应该说门不当户不对，相差太远。你把这个家庭一说出来，在香港谁不知道？来这儿当教员绰绰有余。当场录用，就这么解决了：教国文，教音乐，两个都是我。你既然都会，那你都胜任吧？可以，没有问题。国文几乎天天有，音乐每个礼拜只有一次，对于我来说，像玩似的。所以给了我一个月三百块。当时在香港最低生活，一个月三十元，给我三百元。这都不说，接着说德真女中，这个是在九龙，是在本校。我住在新三道，要从我住的地方上学校去，香港的交通是很方便的，是不成问题的。教了一个阶段，分校还要我去，分校是在香港的铜锣湾，这个我绝对拒绝，那不行。他们真是求我了，一定要我去。我说你们把时间排开，一边一三五，一边二四六，不能（同时）都跑，那太累了。这个也遵照我的要求了。我就天天从我住的地方到码头，到了那里还要过海，过了海还要坐电车到铜锣湾。隔一天就得这么跑一次，我真是太累了。

不仅是这样，我晚上还拍电影。朱石麟这个人还是很正派的，那些乱七八糟的片子他不会拍的，所以去。我白天工作了一天，晚上还要去拍戏。他们是怎么样的？歇人不歇场地，白天还要有用。像朱石麟的戏，肯定是夜晚拍，为什么呢？夜晚安静，没有嘈杂的声音，好录音。好像晚上便于思考，灵感好像更多一些，都是在晚上拍。我有的时候还是要拍一夜戏，早晨起来吃了一点东西接着去上课，我在那里真的是很受欢迎的。这么坚持了一个阶段，我真的受不了，就跟周伟商量——周伟的文学底子比我好多了——我说这样吧，你去教国文，我就教音乐，我们分工一下吧。我说我实在受不了。后来跟学校商量，他们也看看周伟，人家说得比我好，他们也同意了。后来就是这个样子。

这个工作，到我演完《白毛女》被开除。肯定是 1948 年，肯定是在演完《白毛女》以后。我为什么有这个记忆呢？我演《白毛女》的时候，是我的儿子已经在我肚子里，不知道是几个月了。我这个儿子是 1949 年的 4 月 4 号生的，就往后推吧，那个孩子在我肚子里已经有几个月了。

陈：是在巴鸿老师去东北的时候？

李：巴鸿当时去东北。为什么去东北呢？首先是他的姐夫看准了一笔生意，就是解放区，布都是自己种棉花、自己织的，他们的布只是白颜色，所以他们穿的不是灰的，就是蓝的，他们没有染料，非常缺乏染料。这里需要黄豆[①]。要用这个染料去换黄豆。谁能去呢？为什么要找到巴鸿？那个时候我已经演《白毛女》了，知道我们跟共产党有一些来往，他想巴鸿可能有这一条路子，就找他吧。就这样来找巴鸿。他们弟兄两个，绝对是大姐夫说了算。跟巴鸿说了，巴鸿说我考虑考虑。实际上哪里敢做主？回来把这个事情告诉夏衍跟邵荃麟[②]，他们一研究，就说这是一个好机会，正好把我们这一方面的资料、消息给带走，到了那边以后，解放军有多少材料，你带多少材料回来。就交给巴鸿这么一个任务。巴鸿的那篇文章你已经看过了，他已经写得很详细了。这个故事我就不说了。

我非常高兴，我觉得组织上这么信任他，把这么重要的任务交给他，他走，绝对是支持。这个要自我表扬一下，如果说我这个人还有一点优点的话，就是工作起来胜于一切。得到这样的信任，除了好好完成之外，没有别的任何想法。

陈：那时候您知道邵荃麟他们是共产党吗？

李：知道邵荃麟是共产党，知道夏衍是共产党，知道章泯是共产党。为什么知道？延安的人几乎是定期要来香港一次，一来，他们约会就是在章泯家，我跟江韵辉两个人的任务干什么呢？延安来人了，他们有重要的事情……

陈：要商量事，您给放哨？

李：对，如果有什么事情，唱一个什么歌，或者叫一声，或者笑一下，每次都给一个暗号。就记住了。我跟江韵辉两个人，就做这个事情。

---

① 应该是东北大豆。

② 此处记忆有误，巴鸿没有主动去找夏衍，而是夏衍得知消息后主动约见巴鸿。

房屋外面，在院子里头，或者在街口上。在我的印象当中，像章泯这样的，像夏衍这样的，像邵荃麟这样的，这么有资格，这么有学问，这么大的大人物才是共产党——我是说我那个时候的概念，这些人才配当共产党。我演完《白毛女》以后，有一个叫方荧[①] 的一个人——你知道，中国的昆曲《牡丹亭》(电影)，是他(后来)导演的，他以这个得名。他当时在《白毛女》中演杨白劳，他当时已经是共产党员了，我不知道。后来不是开除我了吗？有的人被捕了，我还没有被捕，方荧就来了。他说，我来看看你，“那边”——他一说“那边”我就知道他说的是邵荃麟，邵荃麟不住九龙，住在香港——“那边叫我给你带个话，问个好，最主要的叫我来问问你，你有什么要求没有？有什么困难没有？你有任何要求，你提出来，只要组织上能办到，都给你解决。”我没有要求，我什么要求都没有。那个时候上海不是已经解放了吗？在香港的民盟的人是很多。

陈：这是 1949 年 5 月份以后了。

李：1948 年。

陈：1948 年上海没解放，上海是 1949 年 5 月份才解放的。

李：那上海已经解放了，都抢着先回上海去，交通是很紧张的，像舒绣文，当时这些人都在香港。我现在怎么想？我说我没关系，我最后走，我不怕，我留在最后好了。我说我没有要求，真的没有要求，我什么要求都没有。后来解放，都回广州了，才知道这些熟人你也是党员，他也是党员。

陈：后来才知道？

李：当时我很惊讶，你们都是党员了？我怎么不是党员呢？方荧就说了:“我们不是去问你了吗？邵荃麟派我去问你，问你有什么要求没有，你说你什么要求都没有嘛！你怨谁呢？”

陈：咱们顺流而下，您当时加入民盟组织的原因是什么？

李：加入民盟组织的原因，我为什么说李公朴和闻一多呢？给我的印

---

① 方荧（1921—2011），著名演员、导演，安徽安庆人。导演并出演《铁道卫士》，导演代表作品还有评剧《花为媒》、昆曲《牡丹亭》等影片。

象太深了。这两个人是民盟的，民盟是真的抗日的，是反蒋的。民盟当然是好的。民盟有一个主任来跟我说，露玲，现在决定要你参加民盟。我说好。有填表的，姓名、出身、年龄、学历这些都要填的，还有新中国剧社，就填这一些。就是民盟盟员了。说老实话，当时组织生活比现在还严格，比共产党还严格。比方说一个礼拜、两个礼拜我们聚会一次，我们在一起玩扑克吧，也是很秘密的、伪装的。我们都学什么呢？我就特别想了一下，《中国向何处去》《论联合政府》，这个是我们当时学习的内容。都看过了吧？你是怎么理解的？他是怎么理解的？就发表自己的意见。好像都是能够把文章理解透就不得了，还谈不上什么争论。

陈：您参加民盟，巴鸿老师知道吗？

李：他知道。那时候他还没有当盟员，巴鸿入民盟是我介绍的。巴鸿这个人挺有意思，他也不吵，也没有说过我，也没有骂过我，更谈不上打。但是也没有说，你今天有什么困难吗？你今天拍什么戏？有什么需要我帮助吗？或者我导演什么戏，他先看一遍本子，有什么注意的问题，一律没有，从来没有过。可以一起玩。我举一个例子，我们去玩，说今天没事，上街逛逛吧？当然是我提的，你陪我上街逛逛去吧。走到半路，人没有了，哪儿去了？不知道。上街去了，他看他的电器，运动产品，我不是，我就看衣服，各人看各人的，看着，人就没有了。等到晚上回去，我就有点不高兴，怎么走着走着人就没有了呢？他说，我不是回来了吗？你不是也回来了吗？你把你想看的看了，我想看的也看了，没事。他最爱什么？打台球，这是他最主要的一个活动，有的还花钱的。就这样一个人。

在香港演出《白毛女》

陈：请您谈谈在香港演出《白毛女》。

李：在德真女中，我觉得真是为了找饭吃，真没有意思。我就又跟洪猷说，我说洪猷，我真是想看书。当时好像有什么事情都要通过他，不能直接找夏衍。我说想读书。他说那好吧，我给你想办法。他找到夏衍，那容易，我给《华商报》说一下，叫她去就是了。我就去，去了图书资料室，叫我看的是苏联的那一套。我是很没有文化的一个人，不怕你笑话，《红楼梦》我都看不懂，诗词我解决不了，要是有老师在旁边，我才可以看的。一进到图书资料室，有一套《北方文丛》，都是解放区的作品，这么一大堆，这一下可是好了。最吸引我的就是《白毛女》，看完了之后，怎么也放不下来。

就是这个《白毛女》，我回来跟王逸说了，我说我看中《白毛女》了，我说我们能不能演《白毛女》？王逸就乐了：你想到哪儿就是哪儿，《白毛女》我们承担得起吗？不过我可以把这个想法跟洪猷反映。洪猷说这么大的问题，我可决定不了，再反映吧。反映给夏衍，夏衍说我们研究研究，就跟邵荃麟他们去研究了。等了几天，结论下来了，说是你们不仅要演，而且要大演特演，要很慎重地来做好这一件事情。但是你们建国剧社完成不了这个任务。我们好好地组织一下，我们来做这件事情。当时李凌、赵沨他们在香港办音乐学院①，音乐这一部分交给这两个人了。当时丁聪也在，丁聪也是这个乐队的一分子，吹笛子。他听说演《白

① 指中华音乐院，由李凌、马思聪、赵沨等创办。

毛女》，他感兴趣了，他说我要参加，他吹笛子。当地有一个中原剧社，有一个女同志，曾经拍过一部广东片，在国内是比较有影响的。当时是王为一导演的《珠江泪》的主演之一，姓王[①]。后来我知道她是地下党员，叫她来担任白毛女，但是她不会唱歌。我知道他们在选，尤其我知道，我的对手就是演《珠江泪》的那位，她的气质也是很好的，人也是很朴实的。确实有一点担心，我有落选的可能。因为《珠江泪》当时很有名。比过来比过去，没办法，我反正这两样都还能对付，就选上我了。他们考虑后决定，李露玲是白毛女，这个消息是王逸告诉我的。王逸说您当初提出这个，经过组织上研究，已经决定了要演，由建国剧社、音乐学院和中原剧社这三个团体合演，决定由你担任喜儿，由我担任导演。

这个只能用业余时间。业余时间是什么时候？晚上。没有排练场，就在中原剧社住的那个屋子。南方的屋子不像北方这样的，顶上是一个大平台，这个房子有多大，那个平台就有多大。对于我们来说，这不是很好的排练场吗？他们在他们自己家里练音乐，我们排我们的戏。唱段不能太吵人，轻声地唱。比方说我第一幕已经排好了，找一个时间，找一个地点，合乐。各人有各人练习时间，也有合乐的时间，就是这样的。天天晚上排。反正是七八月公演的。[②]

公演也有一个笑话。知道送审是不容易的，不批准的话，是不能公演的。所以想办法，怎么能让它通过呢？所有前台的工作都是中原剧社出面，他们是广东的，他们熟悉，前台都是他们负责。审查的那个人喜欢打麻将，他这一夜麻将下来要是赢了的话什么都好办，输了以后你千万别去。说这个事情交给我们来办。就打听那个人，赢了就赶快送去，对他说我们没有什么，就演一个白毛仙姑的故事。仙姑的事？行！批准了，你们演去吧。就演了。是在当时他们演粤剧最好的一个剧场[③]，但是有一点，我们晚场得给人让出来，只能白天演。我们就白天演，晚上给人家让出来。开始的时候——工作都是党组织做的，我这么理解——都

① 应该是指王辛，她曾在影片《珠江泪》中扮演牛嫂。

② 此处记忆有误，《白毛女》在香港公演的时间是1948年5月29日至7月3日。

③ 指的是九龙普庆大戏院。

是工会包场，学校包场。就是这样演，确实得到很好的反应，有鼓掌的，有哭的，所有的反应都得到了。

我非常感谢国民党的《国民日报》，当然不是头版头条，是在头版，说“八路军军妓李露玲潜入香港上演白毛仙姑，蛊惑人心，扰乱香港治安”。我非常后悔没有把这个报纸留下来。他不登这个报纸则已，他一登了这条消息，都来排队了——看到那个报以后，好奇，八路军的军妓来演白毛仙姑，那得看一眼，这个心理状态是这样的——排队就不得了，新加坡的都来了——我就讲当时的影响。我还接到一封信，你知道是谁来的呢？就是当年“中央通讯社”的刘忠翔，从美国寄来一封信[①]，寄给香港《白毛女》李露玲，我收到了。他说我在美国看见了你在香港演出《白毛女》的消息，我很高兴，就说了这么一通。我说这个，就说明当时确实有很大的影响。这么一排队，新加坡的人都来看了。惊动了香港的港督，去看看到底怎么回事。他这不来则已，一来看完回去，大发雷霆。你们审查什么？什么白毛仙姑？这不明显地宣传共产党？你们干吗去了？下令停演。我们一共演了七场[②]。停演不说，马上逮捕，逮捕了两个人，还不是真正有戏的，反正逮捕了两个人。被逮捕的这两个人，后来被党营救出来了。

总督下令禁演《白毛女》，当然德真女中也知道了，有这么一个教员演出共产党的戏《白毛女》。停演以后，我还照样去上课。校方跟我说，李老师，我们已经决定不用你了，你以后不要来上课了。就是那个嬷嬷，外国尼姑。

陈：解聘后，少了三百块钱的收入，对您的生活有多大影响？

李：这个对我来讲，好像没有太大的影响。因为那个时候我已经陆陆续续演一点戏。说实在的，在香港，经济上的这种压力不太大。国民党发了这个消息，不仅没有给我任何打击，而且我觉得是挺自豪的。说得不客气一点，有点以功臣自居，当时就是这样的心态。

---

① 刘忠翔离开了“中央通讯社”，去了美国。

② 记忆可能有误，据相关资料，总共演出了六场。

在香港演电影

陈：下边说电影。有一部电影叫《欲望》，您演桂英，还记得吗？

李：不记得了。你说《各有千秋》，我反而有点印象。我跟这几个公司任何签约都没有。比方说去朱石麟那里拍戏，该给三百给三百，该给两百给两百，没有什么。实际上我当时的片酬，比方说章泯的那个[①]，我已经拿到两千块了。

陈：《地狱天堂》《三女性》《野火春风》，您记得哪一部？

李：《野火春风》肯定是有的，我跟顾也鲁，我们兄妹两个。我反正记得那个时候有舒绣文，有顾而已。主演是舒绣文、顾而已、顾也鲁，下来就是我了。但是有没有我的名字我不知道，大演员有这么几个。为什么有这么深的印象呢？我们住在三楼，顾而已他们住在二楼，他们那个时候曾经有一个电影公司，什么华南电影公司[②]吧？我印象比较深。

陈：您是怎么参加影片《野火春风》的，您还记得吗？

李：我已经说了，我住三楼，顾而已他们住在二楼，顾而已他们主动来找我。我之所以能够去，我觉得是顾而已他们介绍的，并不是欧阳予倩选我的，与他没有任何关系。就是演一个小妹妹，演顾也鲁的妹妹，一个学生。我跟舒绣文在一起表演，我感觉真是特别光荣。我对舒绣文是特别佩服。佩服她哪儿？我觉得舒绣文是有真正的演技，而不是靠脸蛋。我佩服这一点。我最不佩服的就是一个女演员靠自己脸蛋去演一个

---

① 指的是章泯导演的《风雨江南》，又名《结亲》，根据葛琴小说《结亲》改编，香港南群影业公司出品，1949年摄制，李露玲在其中扮演春梅。

② 应该是大光明影业公司，创办人顾而已、顾也鲁。

戏，完了就有一点名，完了就嫁一个有钱的丈夫，这是我最看不起的。我觉得这一类人太多了，举不胜举。舒绣文平常的生活也很朴实，而且没有大演员的那种架子，就当我是一个小孩儿，小妹妹，我在他们眼中都是最小的。我占一个便宜，个子小。那个时候顾而已自己有一部小轿车，要去摄制组拍戏，我从来没有自己去过，跟着他车去，也跟着他的车回来。[①]

陈：哪部片子是您的电影处女作？

李：想不起来了。

陈：话剧表演和电影表演，肯定是不一样的吧？

李：对。你问得很对。最不习惯一点，这一堂景今天拍你十岁，明天拍你五十岁了。这个对于话剧演员来讲，是一个极大的考验。换一套衣服，化个装，就是三十年以后了，是一个很大的考验。对于我来说，我还没有碰到过这么大的困难。因为我个头的关系，演不了一个正儿八经的这么一个人物，我总是在二十岁左右一类打圈子。如何克服的呢？比如隔几天以后的戏，这几天我自己就要编故事了，自己在脑子里头编故事，这几天我做什么了呢？到这个时候我应该是一个什么情绪、什么状态呢？自己要跟自己编一下。我对于戏剧迷到一个什么样的程度？比如说我后来导演一个戏，我这一夜是一个梦，我从第一幕可以做到最后一幕。真的做梦。而且在梦中还曾经有过那些场面。还真能用。

陈：话剧演员说话得要拿腔拿调，要保证剧场观众能听到；而电影演员说话要生活化，这个有困难吗？

李：这个也是。导演是一再地强调，舞台演员，声音要洪亮，要大；现在不必要，我们就像说话一样，马上就录进去了。我的适应能力还是比较强的。

我第一个，就是电影的处女作——周伟带我去看夏衍——他当时跟夏衍住在一栋楼里头，那个胡同我已经忘了，夏衍住的是平房这么一个屋子。周伟介绍说，夏衍同志，这是我们剧社的小妹妹，她演小孩儿的。

---

① 这一段是后面说的，编纂时调整到此，删除了一段涉及个人隐私的回忆。

夏衍当时就说：去告诉吴祖光，他不是拍《风雪夜归人》[1] 吗？叫她去演小兰。

陈：这个是您的电影处女作吗？

李：我认为是的。因为朱石麟这些不能算。实际上我对《野火春风》真没有什么印象，而我对《风雪夜归人》的印象是很深的。

陈：它的重要性毫无疑问。您可以说《风雪夜归人》是您承认的代表作，但在这之前您早已拍过电影的……

李：拍过。第一部电影我记不得了。反正朱石麟有戏，他很愿意找我的。总是演学生之类的人物，在香港找不着的那种人物肯定就是找我，比较朴实的，学生的，老实巴交的，不是花枝招展的，碰到这样的角色肯定去找李露玲。

陈：重点说《风雪夜归人》……

李：然后就通知我，您演小兰。对于我来说，演小兰我一点都不害怕，我都是专门演小孩儿的。让我想想……那时候的男演员，也是比较吃香的一个男演员，有一个叫吕玉堃的。有一个女演员[2]，给我一个电影剧本，跟话剧剧本不一样，怎么是这样的？我得慢慢熟悉了。电影剧本是这样的。我记得小兰的角色好像很简单，没有太多的事，好像坐在那儿陪着女主角，她是小丫头，坐在旁边就行了。我就有这么一个印象。我记得我开始的时候比较紧张，我有一个思想负担，是什么呢？我觉得我自己长得不好看，我觉得我的鼻子太塌了，鼻梁塌。顾而已不是住在我的楼下吗？顾而已对我也是挺好的，他们就劝我，露玲，你去美容一下？做什么美容？你把鼻子垫一垫，就更好一点了。我说我宁可不当电影演员，我也不去垫这个鼻子。这太难过了，弄一个假的，我受不了。我说万一要是弄坏了，鼻子弄歪了，或者怎么样的，更难看，那干吗？我不受那份罪。所以拍电影的时候我就有负担了，就紧张，不是很松弛。可是后来从片子当中真的看不出来。

陈：关于《风雪夜归人》，包括吴祖光导演，您的印象是什么？

---

①《风雪夜归人》，香港星星影业公司1949年出品，吴祖光导演，李露玲扮演兰儿。

② 女演员是指孙景璐，在影片《风雪夜归人》中扮演玉春。

李：吴祖光对我也没有什么不得了的要求，化完装以后，大家也还比较满意，也没有什么。我对吴祖光的印象也挺好的，他也不厉害，也都挺好的。当时我没有觉得他有什么不得了。后来来北京之后，大家都很熟了。吴祖光他们不是有一个“小家族”[①]吗？傲得一塌糊涂。

陈：但是那个“二流堂”实际上是一个冤案。

李：我知道，我就是对吴祖光这个人的了解。

陈：您记得您演过胡心灵导演的《未出嫁的妈妈》吗？

李：你说胡心灵，这个名字我有印象，《未出嫁的妈妈》我不记得。

陈：您是演一个女友，女友甲，可能是台词很少的一个角色。

李：我不记得了，完全不记得了。我在香港零零碎碎地拍的太多了。

陈：下面说章泯导演的《风雨江南》，就是《结亲》，您演春梅。

李：章泯是我心目当中最崇拜的一个老师。对他的传说，已经把我吸引住了，他在上海导演的《娜拉》《罗密欧与朱丽叶》《大雷雨》，蓝苹是他捧红的，后来的种种，我脑子里都是灌满的。能够跟这么一个导演合作，这个导演又是这样看重我，我真是感觉很偏得，就是这样。他要导演《风雨江南》，就是《结亲》，他任何人都没有考虑，女主角当然是李露玲，没有说的。对于我来讲，当然也是我最愿意做的。这个《风雨江南》，也就是《结亲》，也不是我的主演，我的名字并不是说在头排。不是这样的。去拍了。应该说是拍得比较顺利的。后来中央电视台要记录章泯这一生，里头就举了这一个例子，就是这部片子。里面有好多我的镜头，有章泯排我的话剧《孔雀胆》《家》。我儿子看完这个以后，他就问我，妈，这部片子，你们到底谁是主角？反正我从来也没有感觉到我是一个不得了的演员，我从来的自我感觉就是，我是小字辈。演春梅我没有觉得有什么难度。章泯同志这个习惯，永远是把导演阐述说得清清楚楚，人物角色也说得清清楚楚，但是你自己对你这个角色一定有一个自传，角色的自传。在新中国剧社就是这样的，他排《家》的时候也是这样的。一定要有的。而且《演员自我修养》是他翻译的，他绝对是

① “小家族”，指重庆时的“二流堂”，后指与吴祖光亲近的一些人，实际上是一个冤案。

一步都不差的，很严格的，是这样的。

陈：在实践中真正贯彻《演员自我修养》？

李：绝对是这样的——我在这里说一个故事，好吗？

巴鸿的家庭我已经都介绍过了。巴鸿家里有一个人是我最同情的，也是我的知己，是我最好的朋友。她也认为我是她最好的一个妯娌，她是巴鸿的嫂子。巴鸿有一个哥哥。巴鸿行十，他那个哥哥行八，叫八哥。八哥读大学的时候，因为一道算术题没有做好，大概大学考试就考得很不好；还爱上了一个女同学，也没有爱成，这个女同学嫁给别人了。从此他这个哥哥得神经病，疯了。他们家里有钱，说疯了怎么办呢？说有办法，找一个女孩子来冲喜就好了。他不就是因为想老婆疯了吗？他们就在农村花钱买了一个女孩子，18岁，进来为这位哥哥冲喜。就是他们的八嫂，是一个贫民的女儿。这位八嫂过来之后，伺候公公婆婆，伺候这个神经病丈夫，他们居然还有一个孩子，把这个孩子负责养大。那个孩子后来又结婚了，她伺候这个孩子的孩子。这个八嫂，我认为就是他们这一家没有花钱的一位保姆，没有任何怨言，一切事情都是她应当做的，这个人给我的印象太深了。我觉得太值得我同情了，她太苦了。但没有从她嘴里说过一句苦，真是任劳任怨的这么一辈子，觉得都是她应当做的事情。我担任春梅这个角色的时候，八嫂这一生的形象在我脑子里太深了，因为我自己家庭出身比较贫寒。比方说每年到了春天的时候，我们家里一定要去给父亲上坟。有一个人管那个坟地的，我一进那个农民的家里，我这个心就不安了，那个时候我还那么小，我就看到那个孩子也没有穿的，大人也没有吃的，能够拿一杯水给你喝，已经是不得了。也许因为自己的家庭关系，我对受苦的这些人总是怀有无限的同情。

陈：接着这问题，《冬去春来》电影剧本，本来是给您写的？

李：是。是章泯跟我说的，都是章泯跟我说的。章泯说，我们下面就拍《冬去春来》，我们不一定决定角色就是你，我们写的这个角色跟你生活很接近的，如果让你主演没有票房价值。章泯就跟我说是这个原因，我们换李丽华演，但是你在里头还是一个很重要的角色。我说没问题。这有什么问题？我觉得现在还达不到，慢慢地来吧。用我们后来一句常说的话，面包总会有的。当然有点遗憾。不管怎样，我还比不过李丽华嘛！

陈：关于这个片子，您有哪些回忆？

李：这个一说，又是插曲了。我演《冬去春来》这个时候，上海已经解放了吧。巴鸿在香港可以说没有事情可以做，他妹妹当时也在香港，他妹妹就跟巴鸿二人带着我的儿子，买船票要先回上海，说你什么时候做完了你再来。他们就租着船走了。没有走太远，他们回来了。我说怎么回事啊？他说，在他们前面有一条船，走在半路的时候，被国民党击沉了。因为你要去上海，去解放区，国民党不让，他们这条船走了一半，害怕被击沉，所以调头回来了。

陈：关于《冬去春来》本身，有哪些记忆？

李：后来好像没有太多的印象。倒是有一次——这也是插曲——中华人民共和国成立以后，哪一年我不记得了，就在北影，李丽华来过一次北京，跟北影的人联欢，李丽华还认识巴鸿。当然也认识我，我没有巴鸿那么活跃，比如说坐了一屋子人，他可以做一个集体游戏，把大家都组织起来。我说的是巴鸿，我没有这个能力。

陈：1949 年 10 月 1 日开国大典，这一天您还记得吗？

李：我想一想。好像我们是在民盟，民盟召集，说是有大事宣布：开国大典呢！我们还唱了一个“起来，不愿做奴隶的人们！”反正就唱的这个歌。然后就安排回来啊，就没有什么。

陈：在香港的生活，还有补充的吗？

李：在香港吧，我觉得应当补充的是，这也是我个人——不能算是个人的生活。巴鸿走了，去东北了，我当了一次母亲，生了 3 个孩子，没有一次我的丈夫在身边过。

陈：先说儿子。

李：这一次巴鸿不在身边，不怨巴鸿，因为他有公务出差了。我生孩子了，生孩子谁来照顾呢？就是叶以群。那个时候，我知道他是共产党员，我知道他来，准是夏衍这些人的支派，绝不会是他个人。当时我那一个月，全部是叶以群照顾。我这一辈子最幸福的一个月子，我没有断过鸡汤，什么鸡汤、肉汤，这一个月没有断过汤，鸡蛋吃得都不想吃了。比如说这肉汤送来，如果送来是热的话，一定要看着我喝，不热的话，直接拿到厨房去，弄热了回来，一定要看着我喝完了，还一定要我吃掉哪一块肉，吃鸡翅吃什么，吃完，收拾完了才走，一个月没有间断过。叶以群那个时候，女朋友都没有一个，他亲手做的。所以你一提起叶以群，他给我印象太深，我对他也很有好感。除了感激之外，我应该很坦白地说，我心里很喜欢他。因为我这个人，我已经跟你说过了，我是个非常感性的人。谁对我好我都能感觉到，我也是一个性情比较温和的人，叶以群也是这样一个人。

表演艺术研究所

陈：您是什么时候准备从香港回内地的？

李：新中国成立，大家当然是欢天喜地。奋斗了这么多年，就为了抗日，为了反蒋，这两个任务已经完成了，新中国已经成立了，就纷纷要回内地，这是头等大事。那么首先到哪儿呢？也是在党的安排之下，先回广州。到广州去干什么？我们要求成立华南电影制片厂，目的非常明确。我们回广州，那就不像以前了，招待所这一切都准备好了，我们都住下来了。住下来干吗呢？不能说成立就成立，章泯同志回北京，跟中央洽谈成立华南电影制片厂的事情。那么这一批人就在广州等着，等了多少天我不记得了，反正等的时间比较长一点。公家全包。我们就等章泯同志带来好消息，成立华南电影制片厂。消息来了，中央说了，新中国刚刚成立，千头万绪，现在还没有能力顾及成立华南电影制片厂，请这一批人在广州先成立一个华南人民剧社，带来这么一个消息。大家当然是有一点泄气，跟自己想象的不一样。但是并没有说不给你安排，要你成立华南人民剧社。而且以业余为主。你们要说普通话的话，不会有观众，这个是以后慢慢来的事，开始要以业余为主。我一听到这个话，心里就更凉了，这不是我想要的。

就在这个时候，章泯又来信："巴鸿、李露玲，速来京，有重要任务。"我跟巴鸿两个人，就这样来到了北京。来了住在哪里呢？住在章泯家，不仅是我跟巴鸿，还有我的小儿子，那时候已经一岁了。我们就在章泯家住着，巴鸿去干什么呢？是陈波儿找巴鸿来的，陈波儿并没有找李露玲来，是章泯的意思，巴鸿来，我当然也应该来了，这么来的。陈波儿就跟巴鸿说："要成立一个表演艺术研究所，我是所长，你是秘书。告诉你，现在什么都没有，我们白手起家。你一定把它弄成可以招生的程度，我们才开始招生。”就是这样。当时有一个叫王庚尧的女同志，巴鸿跟王庚尧两个人，真是白手起家，从桌子板凳开始，桌子、板凳、学生的宿舍、高架床，后来还发展到干部宿舍的床，干部一个人有一个小柜子，那个柜子有我这个书柜的四分之一大小，这么一个柜子。后来发展到不仅干部有，学生宿舍里头也有这么一个柜子。不是每人，一个屋子一个柜子。这一切都具备了，才开始招生。当时招生，不仅是北京一个地方，上海、南京，这三个地方招考。我只参加了北京招考，巴鸿好像上海也去了。

在这个阶段，我有一个很大的矛盾。章泯同志的意思是，你别去什么表演艺术研究所了，你也不可能去教书，你还是当演员吧。那个时候章泯在青艺排一个话剧，名字我想不起来了。他说，我跟吴雪[①] 一说，不就可以了吗？带我去跟吴雪见面了。吴雪也不认识我，我也不认识吴雪，因为经过章泯的介绍，他当然不好意思拒绝了，“欢迎！”也就这样。后来我自己考虑，我说我搞了这么几年的戏，理论知识一点没有接受过，既然有这么一个表演艺术研究所，不是一个很好的学习机会吗？我应该在理论上充实一下自己。我就跟章泯同志说了我的这个想法。还有一个想法，我想学俄语，因为江韵辉一口俄语棒极了。正在这个时候，瞿白音寄来一笔路费，叫我马上去上海，拍他导演的《两家春》，和秦怡两个人去合演。我当时也动摇了，虽然这正是我所希望的。一般的配角不会来找我的，他也知道我后来的情况。我当时想来想去，还是不去。孩子也还小，才一岁多，扔给谁呢？思前想后，还是留在表演艺术研究所。

陈：表演艺术研究所第一次招生，您还记得哪些事？

李：我最欣赏的一个演员，后来是参加 22 大[②] 的，叫张圆。我最喜欢的两个学生，一个是张圆，一个是后来是当导演拍《四世同堂》的林汝为。我考的就是张圆，当时他们不主张录取，我是坚持要录取。

陈：不主张录取张圆，理由是什么？

李：怎么说呢？因为出身不是很好，不是工农兵，而且有过一段婚

---

① 吴雪（1914—2006），戏剧家，当时任中国青年艺术剧院副院长，1952年起担任院长。

② 22大，是指1961年在周恩来总理倡导下评选出的22位中国电影明星，张圆是其中之一。

姻[①]……。当时我就认定这个人有表演天赋，不录取是很可惜的，这也不是不得了的政治问题，我当时坚持的就是这个。大家也认可她是有表演才能的，而且形象非常漂亮，不录取太可惜了，就录取下来了。

陈：招生是如何招法？要怎么考？

李：不是跟普通学校招生那样，不是这样子的。首先朗诵，能唱歌的唱歌，或者出一个题目，出一个小品，给你几分钟去思考，是考这些东西。朗诵是一项，小品是最主要的。文化课在小品上都能够反映出来。考完了，我们三个老师发表意见，你同意、我不同意，或者大家一致，经过讨论决定。

陈：1950 年 9 月 14 日，表演艺术研究所的开学典礼，您还记得什么？

李：我现在已经记不起来了，我拼命地在回忆，也实在想不起来了。

陈：如果没有这张照片，您还想不起来您是否参加过？

李：对，都不知道了。而且我还得补充，当时像我这样的水平，还有一个董克娜，用现在的观点来看，我们当时只不过是一个助教，不是真正的教员。有萧龙，有陈怀皑，有谭远之，有吴天，有那些人，哪里轮得上我们去教？

陈：当助教是要做一些什么样的事呢？

李：说是这么说，比如说教表演，我一样去做。上表演课，比方说当众孤独，就是告诉你，在很嘈杂的环境之下，你自己在那儿做事情，不受这些东西的干扰，要学会这个。这个时候，不一定有某某大教员在，我也带着做了。但是你得知道自己的身份，你还是助教。

在表演艺术研究所，第一个排戏的是我。排什么？排《赵小兰》，一个独幕剧，是林汝为和刘世龙他们俩演的。

陈：《赵小兰》后来也拍成了电影了，是吧？

李：那不是我，我就排话剧。排出来好像也得到好评。第一个戏就是《赵小兰》，林汝为到现在为止，仍然是我最好的朋友，应该这么说，非常

① 此处涉及个人隐私，有删节。

好。到了 1953 年，表演艺术研究所变质了，说是艺术班全部取消。

陈：等会儿，请您对印象深的人做一些点评，老师也好，学生也好。

李：我印象最深的，在这个阶段，还是萧龙。《演员的自我修养》谁都翻过，我在新中国剧社，没有看过《演员的自我修养》吗？我觉得我看得很肤浅，我觉得萧龙理解得比我们深，对于表演元素，吃得比我们透。而且，他是从延安来的，你知道我对延安是崇拜，人家是延安鲁艺来的，确实得佩服，说得很透。

我们都已经开学了，才来一个谢铁骊，波儿跟大家讲得很清楚，我们这么一个研究所，怎么能没有党的领导呢？给大家介绍，这是谢铁骊同志，他是从部队来的，他是来抓研究所的党的工作。按照我这个人的性格，我不得不说，不能因为今天的谢铁骊代替当年的谢铁骊，说当年的表演艺术研究所是谢铁骊一手创办出来的，我是绝对打心里不承认的。因为我们曾经有一次，也是陈文静召集表演艺术研究所的这些人，学生带老师一块吃饭，谢铁骊坐在这里，我坐在这里，杜粹远坐在这里，这些学生就发言了，说表演艺术研究所当时是谢铁骊同志怎么创建的，我当时心里就不愉快了。倒不是说把巴鸿给抹杀了，我觉得不属于事实。杜粹远坐在我的旁边，就跟我说了："露玲，他们这么说是不对的，怎么是这样的呢？"谢铁骊是最后来的。来了也是抓党的工作的，后来他是管过一下表演，但是不是一开始就是他，开始是萧龙。

陈：1951 年 11 月 10 号，陈波儿去世。您说是您和巴鸿老师去上海把她的遗体运回来，后来回忆的结果是什么？

李：还是这样，我又想了想，而且我还拜托人去问陈波儿的遗体是不是从上海装车运回来的，我就更肯定了，这件事情是巴鸿办的，无疑。

陈：是巴鸿老师办的，还是巴鸿老师和您两个人办的？

李：我也在，那些事情，我没有这个能力的，我跟巴鸿在一块儿，当然这个事情是巴鸿办的。我肯定是在北京参加追悼会，这一点无可怀疑。我有一个印象，是什么呢？送陈波儿同志的遗体到八宝山去，是有我的，那个时候不进步的，还是参加不了的，要选择的。不是很多人去的，其中有我。

陈：您提到上海，叶以群劝您留在上影，是这个时候吗？

李： 是。

陈： 您的小女儿给了巴鸿老师的妹妹，原因是什么？

李： 巴鸿的妹妹不能生育，喜欢孩子，喜欢得要命，而且就看准了，喜欢我的孩子。在他们看起来，我只会工作，也不会带孩子。当时我肯把她留在上海，头一个要决定的，就是我要土改，我不能放弃这一次土改运动，这个对我来讲是最大的损失。把孩子扔在上海，我绝对放心，我知道就是家里管。其实我走了以后就知道了，这个孩子让巴鸿的妹妹抱走了。我不是说巴鸿的坏话，巴鸿不管这些事。抱走了，也没有通知我们，在我们的印象当中，他妹妹带走不是跟在他家里一样吗？这有什么呢？而且巴鸿也去土改了，心思都不在这里。后来土改回来了，马上回上海，那孩子已经一岁多了，当然不认识我了，连阿姨都不会叫一声。会说话，听不懂我的普通话，只能听懂上海话。因为还在吃奶，没法带回来。3 岁的时候我又去一次，孩子满口上海话，好劝歹劝，叫我一个阿姨，想带回来，没门。到了她 4 岁还是 5 岁的时候，这时候我下决心了，去上海，我愣是把她带了回来。我做母亲来讲对孩子的关心是很欠缺的，我没有说把她带到我的身边，带回来，我就放在托儿所，你说她怎么习惯呢？那个时候，我儿子也在托儿所，跟妹妹老打架。她夏天大概穿的是白皮鞋，说哥哥老踩我的鞋，把我的鞋踩脏了。这是小问题。姑姑、姑父马上追到北京，他们也在北京安家。我应该星期六去接孩子，他们星期五就接走了，坚持这么一个阶段。有一天我把孩子接回来了，小姑姑也来了，就在我家吃饭。巴鸿、我、他妹妹、这个孩子，那个时候我有阿姨了，坐在一块吃饭。那一顿饭，我一口也没有吃下去。这个女儿哭，小姑姑哭，两个人哭得简直是伤心到极点，很简单，我破坏了人家母女的感情。我觉得我做了一件不应该做的事情，我生了她，没有很好地带她，愣把她要回来，把她往托儿所一扔，她能习惯吗？人家两个人是真正有母女感情，是她带大的，我不应当拆散她们，这是不对的。我都没有跟巴鸿商量，吃完饭，我就跟她说，你把孩子带走，托儿所不去了，以后这个孩子属于你管。我说你负责带她，我不管了。

陈： 这个女儿后来怎么去了美国？

李： 你知道有一个华君武吗？他有一个儿子，叫端端，是大儿子，小儿子是在唐山大地震死了。我们的周慎言，就看中了端端，就要把我小女儿许配给端端。华君武有一个侄子是在美国经商，华君武就想把儿子送到美国去念书，跟他那个侄子一说，那有什么问题？就担保。他儿子就去美国读书，我小女儿也就以陪读的身份去到美国。她去美国之后，在一个台湾餐厅打工，开始是在厨房里头择菜，扫地，后来升到可以端盘子、刷碗，后来又升到可以兑酒，这就不得了。在这个阶段，我小女儿解决一个什么问题呢？解决语言问题，学会英语。她从小就喜欢大夫这个工作，她就上美国的医学院。她走的是这么一条路，非常艰苦。她现在非常好，在美国的一个医院里头，是很得力的一个大夫。她为人处事，各个方面也都非常好，非常朴实，每年回来什么都不买，买几双布鞋回去，就这么一个人。

中央戏剧学院导演进修班

陈： 您在演员剧团没做演员，而是导演，为什么？

李： 就是自己给自己说得好听一点，实际上，还是做一些辅导演员的工作。因为不是每个演员都有戏的，于洋不错，一部接一部，有多少不知名的演员，你们都不知道的，观众都没有见过面的。就说这一些人，你需要给他一点事情做做。我不就是为这些人服务吗？

陈： 中央戏剧学院的导演班，您和谢铁骊一起去旁听？

李： 这么说吧，陈墨同志，我自从新中国成立后参加了正式的工作，到了表演艺术研究所，虽然是助理的这么一个位子，我是党外的积极分子，这一点是没有问题的。你想，分到演员剧团来，能够分我和谢铁骊两个人去旁听，你认为简单吗？是很不简单的，谢铁骊那个为人不是我可以比拟的，太能干了，非常能干，政治家。他在业务方面非常肯钻研，非常刻苦。

孙维世这个人，一个女导演，周总理的干女儿，到过苏联，学习好，人又长得漂亮，导训班的班主任。普·列斯里这个人脾气是非常大的，是斯坦尼斯拉夫斯基亲自教出来的学生，最得意的学生。此人的脾气很大，一下子脸就红起来了，孙维世翻译出来的完全不是像我们看到的那个脸色。

陈： 孙维世是亲自担任翻译？

李： 那当然了，绝对亲自翻译的。我就觉得，她不知道做了多少和谐的工作，让同学能够接受真实的含义，能够把学生的要求让老师也能够接受。我觉得孙维世这一点真是值得学习，值得佩服。孙维世的为人，是平易近人，为人谦虚，也是给我印象很深的。我又要说一些题外话了。

孙维世当时的丈夫是金山，金山当时出国了，你知道吗？到朝鲜，犯了错误你知道吗？青艺的院长没有了，党员没有了，人民代表没有了，政协委员也没有了，所有的职务一撸到底。孙维世怎么样？比以前对他更好。有好多人也不理解，也很佩服。这句话孙维世没有直接跟我说，我是听人家告诉我的——人家就问，说孙维世你为什么？你猜孙维世怎么说的？孙维世说他犯了错误，他已经知道自己犯错误了，他已经认错了，这个错误应当得到的惩罚他已经都有了，他现在是最困难的时候，他是一个有才干的人，我不帮助他谁帮助他呢？我没有别的想法，我只想帮助他重新站起来。太好了，我觉得这个女同志实在是太好了，太值得学习了。孙维世对我的教育和影响太大了，我觉得，这才是一个真正的人。我再接着说。我不是调回来审查了吗？因为路翎的问题，调回来审查。[①] 后来审查完了，青艺演一个戏，很火的一个话剧，那一天我也去看那部戏了，孙维世也去看了。孙维世还没有进剧场，就在外面，买票的那个地方，可以休息的地方，一下看见我了，跑过来一把就把我抱住，那个眼泪噼里啪啦地掉。首先就问我："露玲，你怎么样？你这几个月生活得怎么样？"看她这样，我说我很好，我没事，我生活得挺好。她说："露玲，我告诉你，我要成立中国话剧院，说什么也会把你调过来，你是一个演员，你不可以不演戏，你知道吗？"我说好，你别难过，我过得挺好的，你成立中国话剧院，我一定来。我觉得孙维世这个人实在是……这么一个大人物，我这么一个小小的旁听生，看见我一把就把我抱住，告诉我这个话。

陈：她知道您因为路翎受审查吗？

李：她能不知道吗？什么内情她不知道？我认为她对我同情。当时金山就在她旁边，金山也说了一些安慰我的话。这样的人，给我的印象总是深的。我觉得很不容易，太不容易了。

陈：回到导演进修班上来，您先谈谈您的收获？

李：导演训练班，我获得太多了。说老实话，我们对《演员自我修

---

① 这是指1955年批判胡风反党集团时，路翎是胡风集团的骨干，李露玲也因与路翎的关系而受审查。

养》，在这之前是一知半解。我们只是强调了表演不是形式主义，一定要从内心出发，真实性，这个我们抓住了，但是忽略了动作性。其实这两者永远是不可分割的，而且有一套很科学的训练方法。我以后能够做导演，能够做得比较好，打下了很坚实的基础，这是我最大的收获。虽然我没有去参加演出，但是收获对于我来讲是大的。另外我来到内地以后[①]，没有当过演员，没有演过戏，但是在导训班这个阶段，我演太多的戏了。

陈：就是帮别人做小品，是吧？

李：对。这个小品都不是一般的，选中外名著的片段。我告诉你，欧阳山尊是班长，他排小品，要我演潘金莲一个片段。是什么呢？武大郎已经死了，武松要给他哥哥吊丧。武大郎的灵堂是在楼下，潘金莲是住在楼上，一听说武松回来了，非常兴奋，用很急促的步子跑下来，往下一看，叫他一声。这一声叫他，内心独白是什么呢？要把他勾住。完了再慢慢走下来，再细细地聊天，就是这么一个片段。当时他给我打扮，化装，穿一身黑衣服，梳了一个卷，头上还给我卡着几朵白花，还戴了这么长的耳环。我在镜子里一照，我说这是我吗？我自己都不认识我自己了，我说这不是一个很漂亮的少妇吗？在化装的时候，我有什么说什么。有同学路过一看，“真漂亮”！就这么说一些赞美的话，我心里美滋滋的，有底。我觉得，大家认可这个人物，首先我有自信了。我就按照欧阳山尊的要求，等于是突如其来的，下楼几步，站住，就喊了一声武松的名字。当时武松转过身来，一愣，片刻的静场，完了我再很悠闲地、慢慢地下来，跟他聊天。我要说的是什么呢？我这么一出场，惊艳！“这是谁？”孙维世说，“这不是李露玲吗？太好了！”惊讶的声音，我都听见了。中外的这些戏我都演过了，演得太多了。一直调我回来审查的时候，《一仆二主》我已经排了两幕了，毕业演出。

陈：毕业演出，不是《李香君》吗？

李：那只是中国戏。一共有三个戏，一个是《一仆二主》，还有一个

① 来到内地以后，是指1949年从香港回到内地以后。

是苏联妇女的一个什么戏，还有一个是《李香君》。《李香君》的来由，跟这个潘金莲片段，我认为有直接关系。我自己推测，给列斯里的印象太深了，当然除了这个以外，还有其他好多小品。

陈：因为和路翎的关系，撤销了您主演资格，接着审查？

李：我心里非常明白，就是不让我演出而已。谢铁骊不是跟我同时去的吗？他不是搞党的工作的吗？我的档案材料，都转到中央戏剧学院。回去接受审查时谢铁骊拿着我的档案材料，交给我："露玲，这是你的材料，我们信任你，你自己拿着。你一定要知道，你跟路翎的关系，我们一定要搞清楚，别的没有什么可说的，你拿着你的档案材料回去报到。"如果谢铁骊稍微像孙维世那么对我的话，我想这些事情完全可以不发生。

陈：您觉得谢铁骊老师能够决定审查或不审查您？

李：当然。他负责演员剧团党的工作。

陈：您当年跟路翎的关系，组织上怎么知道的呢？

李：我已经跟你说了，余明英，他的老婆，是我最好的朋友。自从我离开路翎，一年之内我没有听到他的消息，我这个心就提溜着。后来第一个发表文章署名的就是路翎[①]，这一下我的心就更不安定了。所有这一切，我都告诉了余明英，我的意思很简单，余明英你去代替我，帮我弥补这个遗憾。余明英做到了。正因为这样，她就住在石老娘的背面。我就跟她家里有来往。他们住哪条街、哪所房子，我不记得了，但是我记得田汉住在北屋，他们住在厢房。她跟路翎两个人已经结婚了。我去过他们家，去过几次，有的时候路翎在，有的时候路翎不在。路翎在，说一些什么呢？你干吗？我在学习。都教什么了？问问。跟余明英就不一样了。

陈：您再见到路翎，当时心里感觉是什么？

李：很不好说。是我朋友的丈夫，好像有一点不自然，很有礼貌，可是有的时候说起话来，又好像都很熟悉。后来，他在的时候，就有点想回避。而且余明英最怕叫我露玲，从来不叫露玲，一直到现在为止。

---

① 路翎这个笔名，与"露玲"有关。

一说的话，就是：你是世玙？我说是，是我。去过三五次。那个时候，我觉得他们的生活比我好。我是什么都不会做，余明英她会的，比方说今天拿腊肉了，她肯定给我送，我也来者不拒，好像我也应当吃，就是这样的。我后来觉得余明英看着我在，心里总是不自在。现在已经不是过去这样的关系了，总是有一点儿疙瘩。

陈：您向路翎说过抱歉的话吗？

李：除了一般的大面上的话，学习什么的，没有别的。他很客气，学习怎么样？还像一个老大哥，如此而已。人家也不是老坐在这儿，人家说句话也就走了。

陈：您跟路翎、余明英交往，电影剧团是怎么知道的呢？

李：余明英到我家来了，送腊肉了，这个事谁不知道？谁都知道是我最好的朋友。谢铁骊把这个东西交给我的时候，已经说了，你要是在北京跟路翎他们家没有任何来往的话，我们都不审查，正因为你到了北京，路翎已经成家了，你们还有往来，我们就必须要审查。

陈：这些信息组织上是怎么知道的？

李：那我就不了解了。你问我，我也不知道。路翎成名以后，我回避这件事情。我不是像别的女孩子，我只有回避。

陈：您不张扬，组织上怎么知道您和路翎有关联呢？

李：这是有的，填表的时候，我怎么进的三青团，怎么进育才的，这些都得写清楚，那个时候取三个人证明，写徐嗣兴，那时还没有路翎两个字。

陈：审查过程的经历和遭遇？您心理反应是什么？

李：我说句良心话，那一天怎么想，我现在也是怎么想，你们只不过是不让李露玲有这么一次演出的机会。我心里明白极了。这个是我的小人之心。我回来之后，在剧团根本没有公开，为什么那天我回来审查？鬼都不知道。只是说人家毕业公演了，没有我们的事，就不用我们旁听了。

陈：您回来确实受到审查，不是吗？

李：受到审查，只是胡朋等几个人知道，只是问你怎么认识路翎的？就是我跟你说的一样，说了一遍，什么也没有。这个时候是什么时候呢？

导训班戏也排好了，什么事都安排好了。就是说有人阻碍，就这么来推理。但是话又说回来，人家毕业典礼，你不过是一个旁听生，而且还不是正式旁听生，是一个非正式的旁听生，不准我参加是应当的。我们理归理，情归情，按理来讲是对的，不能以我个人的要求为准。我的结论是这样的。

对北影演员剧团的回忆

陈： 咱们接着说。

李： 我还是从演员剧团说起吧。因为演员剧团，我应该还要补充一点。演员剧团，总的这么说，排戏最多的是我。在演员剧团，包括巴鸿、陈怀皑，谢铁骊没有排过戏，导演最多的是我。从1953年至1961年到我最后又回来，演员剧团期间都包括了，我是导演当中导戏最多的一个。

陈： 最多的一个，能不能具体化？

李： 具体化的问题，听我慢慢说。演员剧团里的几个大戏，《家》《日出》，包括《真情假意》，我已经说过了。此外还排不少的小戏，独幕剧，全是我一个人。比如说《家务事》，是比较叫座的一个戏，主演就是我们的吴素琴，现在北影搞党支部工作的。这个戏在当时是非常叫座的。还有排《新局长到来之前》《相亲记》，还有葛存壮跟王人美两个人合演的什么剧，我记不起来了，独幕剧都是我导演的。

陈： 排这些戏，其中有哪些故事？

李： 我只谈一个吧。别的，说老实话，我记不清楚。当然《家务事》也是我比较叫座的一个戏，是吴素琴跟李唐——他已经去世了——我的儿子当时演他们的儿子。我要谈的是《相亲记》，是陈文静主演的这么一个戏。当时演员剧团到天津去演出，哪一年、哪一月我都不记得了，去演《家》和这些小剧目，其中有《家务事》《相亲记》，还有什么戏，也算一个晚会。都很卖座，尤其是《家》，主角是王人美、秦文，当时郭允泰还没去世，他是明星，明星有号召力。谁知道独幕剧也一样的卖座，在天津简直是不得了。突然之间，陈文静病倒了，吃什么药也不行，这怎么办呢？票已经卖出去了，不能因为这个戏就不演了、就退票。领导上很为难，不知道怎么办才好，我没有他们那么着急。

陈：您打算自己来演？

李：对了，这就是我回到内地以后，第一次在中国舞台上亮相。我就顶陈文静那个角色。我说你们急什么？我说我上就是了。大家说你开玩笑？这么多的台词，你能记住？也许你们觉得我天方夜谭了，我当时有什么样的能耐？只要是我导演的戏，不管任何一个角色，台词全部记得，我不是有意的。戏排来排去，无意中我就记住了，因此当时我去代替她演这么一个角色，能成问题吗？虽然我没有陈文静那么年轻，我占便宜，个子小小的，娃娃脸，也就没有受到观众任何异议。一直演到她病好了，她才上场。

现在想起来，觉得挺好玩的，是没有想到的事情。无心插柳柳成荫，我没有想到会在观众面前正式公演。

陈：如果导演、演员，让您选一个，您选什么？

李：我选演员。

陈：导演是组织上分配的工作，不是您自己选的？

李：是这样的。

陈：除了《相亲记》以外，还有什么故事吗？

李：在演员剧团，我就应该补充这么一点。其实不排戏的时候，我也跟这些演员一块儿做小品，没有让他们闲着总会让他们熟悉表演艺术。我之所以要补充这一点，是要说明一个问题，为什么演员剧团当时选我和谢铁骊去旁听？我有什么资格和谢铁骊相比？只不过一点，对工作，我一丝不苟，竭尽全力。我是这样一个人，没有任何后台，没有任何人提我一把，说把她送到导训班去吧，没有的。全都是靠着我这么做出来的。

陈：十大建筑①，您参加过劳动吗？

---

① 指的是20世纪50年代，在北京建设的人民大会堂、历史博物馆、军事博物馆、民族文化宫、钓鱼台国宾馆、中国美术馆、华侨大厦、北京火车站、全国农业展览馆、工人体育馆等。

李：你提起这个，我就想说一件事，张百发[①]，你知道吧？当时组织上就交给我一个任务，要我去拍摄张百发，叫把张百发参加建设人民大会堂这件事情拍摄下来。我就一边带着我的儿子——人民大会堂的每一个角落，我的儿子几乎都到过了——准备拍张百发，后来又给取消了。

① 张百发，北京市劳动模范，曾任北京市第三建筑公司一工区青年突击队队长，后任北京市常务副市长。

调动到辽宁儿童剧院

陈：1961 年春节以后，您调到辽宁儿童剧院，是什么情况？

李：这就听我慢慢说。到了 1961 年，1、2 月份，刚刚过完春节，组织上跟我说——那个时候已经是杜粹远任团长[①]了，他说："李露玲，我们已经决定了，调你去沈阳。"我说为什么呢？他说沈阳成立一个辽宁儿童剧院，不是沈阳市的，是辽宁省的一个儿童剧院，他们非常缺乏文艺干部，他们来向中央要求，我们考虑，认为你比较合适。你从导训班出来，学的就是导演，还有根据你在剧团这几年的工作，我们觉得你去是比较合适的。那个时候，从我个人的心里来讲，我非常愿意离开北京，为什么？就是为了我的儿子。我儿子总是三天两头哭着回来说："妈妈，人家都说我是小右派、小反革命！"我无言以答。我只是想换个环境，对孩子比较好一些。基于这种想法，我毫无顾虑，非常高兴地答应了。还有一件叫我高兴的事情，大女儿的户口我们没有能力让她进北京，这一下，三个户口都给报过去了。这不是一件很好的事情吗？就是这样。

像这样的情况不是我一个，我举一个例子，管宗祥，你们知道这个人吗？他的夫人于黛琴，也是很有名的大演员，她就分到青艺去了，那是当演员。我到这里是做导演，离开这个环境，我高兴啊！人家说得多好？缺乏文艺干部，上中央来求援，我们考虑就你最合适。给了你好大的面子啊，还不识抬举？真实的感觉当然是……我刚才已经说了，我是很沾光的，对于巴鸿来讲，我是很沾光的——我还想说一句话，是不是

① 杜粹远时任北影演员剧团副团长。

提得早一点?

陈: 没问题,您说。想起来就说,免得忘了。

李: 我永远不会忘。我非常感谢我的第一个丈夫姚牧,第二个丈夫巴鸿,我非常感谢他们!感谢第一个丈夫把我抛弃了——我那个时候什么事也不懂,才 20 岁,天塌下来一般。第二个丈夫给了我一个非常好的锻炼机会。我为什么感谢他们两个人?如果他们不给我这样的机会,不给我这样的条件,我不懂得自己生活,我不会有独立生活的能力。如果不是他们给予我这样的条件,今天我也许是某某人的夫人,饭来张口,衣来伸手,过着这样的日子。也许是在过着儿孙绕膝、天伦之乐的日子。所以我感谢我的这两位丈夫。

陈: 感谢灾难?!

李: 给了我这样的条件,培养了我独立生活的能力。

陈: 很好。您离开北京的时候,演员剧团有欢送仪式吗?

李: 什么也没有。所谓搬家,这个我们不兴。那个时候床、桌子、柜子,都是单位的,我有什么可搬的?就是两个孩子,两个皮箱,就搬这么多,其余没有什么了。我印象当中,就是那个齐秀珍[1],有人送的话,好像也是她送的。记不准确了,不敢说有人送,或者没有人送。

到了沈阳。我第一次到沈阳,人生地不熟的。我一个人带了两个孩子,当时有那个行李店,最后去领的,不是当时要拿的。我就找,我说怎么走啊,到哪去啊?他们把地址告诉我,而且也告诉我到时候会有人来接你呢。到了那个车站,人都走光了,就有一个女同志,这就是白居,她是一个延安的干部,儿童剧院院长。她的丈夫是罗丁,罗丁也是延安的干部,当时是省文化厅的厅长。白居一看车上都没人了,怎么就这三个人?就跑来问我了:"你们这里有一个叫李露玲的吗?"我说我就是。她就说:"就你这三个小孩?"——我跟孩子一般高,你就可想我那个时候,我是很占便宜,真的不显老的。就这么三个小孩?我甚至都有点不高兴,怎么会是三个小孩呢?她说:你就是李露玲同志?她知道我这个

---

① 齐秀珍是长期陪伴口述人一家的保姆。

反应，就马上说了，怎么就你们三个人，你们阿姨都没有一个？我想她搞错了，我是什么大人物，还带阿姨、保姆之类的？我赶紧说没有，就我们三个人。我说我还有行李，没有拿。她说这个你不用管了，交给别人。我们就坐她的车回去了。他们已经把住宿安排好了。那儿有儿童剧院，有辽宁省人民艺术剧院，还有歌剧院，有这么三个院。把我们安排在这些院的最后，是一个家属区，三个人安排在一个屋子里头，那个屋子顶多就我现在那间屋子那么大吧，三张床一摆，两个箱子一摞，就没有走路的地方了。后来看看不像话，过了一个阶段，就把我调到了主楼，就是办公的楼，一个比较大的房间，应该说有我客厅这么大。

陈：厨房呢？没有厨房吗？

李：我要厨房能干吗？这个对我来讲，一点问题没有，没有这个想法。有这么一大间房，我就已经很高兴了。住下来了，我觉得这个组织是很不错的，我儿子的学校安排好了，是沈阳最好的十一中。当时那个学校有英语的，我儿子头一次接触英语。我大女儿被安排在辽大附中，是高中，也是辽宁最有名的学校。这两个学校，我都非常满意，一切都挺好。我说一点花絮，我们头一次去，说今天吃好的！就上桌，等着吃好的了。坐下来了，一个人面前一把葱、一碗酱，完了就是他们最喜欢吃的贴饼子。不光我们三个人，别的人说今天真棒，最好吃的。我们三个人你望望我、我望望你，这怎么吃啊？都是这么粗的葱，还有一碗酱，还有那饼子，也不是馒头。我们不知道怎么办，看别人怎么吃。原来要用葱去蘸酱，完了咬那个大饼子。这个葱蘸酱没吃过，不敢吃。反正每个人大概吃了半个饼子，把肚子填饱了，这是第一次。

对不起，我回来再补充一下。我到了沈阳，除了白天吃的一顿饭，好像就在当天晚上，开了一个欢迎晚会。说是联欢晚会，这我没有实据可查，也好像是欢迎晚会，开得非常热烈。他们就给我介绍了一个人，这个人是从大连刚赶回来的，他是一个病人，在大连养病，听说有这么一个晚会，就回来了。当时就请我跳舞，你知道那个时候，跳舞是很盛行的，不算什么稀奇。他们给我介绍，这位是我们辽宁省的演员魏华门同志，听说过这个人吗？我再往前说，辽宁人民艺术剧院曾经在北京演过一次《曙光照耀莫斯科》，也是一炮打响，在北京颇为轰动。演完这个戏以后，居然就评了魏华门一等演员奖。[①] 当时我在北京就听说有这么一件事，我做梦也没想到，在沈阳居然看见了魏华门同志。[②]

接下来以后，白居就跟我说了，说："露玲同志这样好不好，叫你去一次上海。"我说，去上海干吗啊？说我们准备叫你排一个《三打白骨精》，是一个歌舞剧，我们想，你还没有接触过歌舞剧，现在上海有一个地方团，不是真正的歌舞剧，他们在演这个戏，你去看一下，你去观摩观摩，对你以后排这个戏也许有所帮助。我说那好啊！那有什么不好的？说另外还有一件事。我说什么事？我们要你去看一个人。我说看谁？说看周桓书记啊。我说周桓书记是什么人呢？他是我们东北三省的军区司令，[③] 兼辽宁省的省委书记。对于我来讲，官够大的了，什么东北军区这些，要去看这个人。说你看，你来了，省委书记你应该拜会一下。我想这也是应当的。白居说，不是叫你一个人去，还有一个同志带你去。我说是谁？是丁尼（本名孙昌群），他是谁呢？《激情燃烧的岁月》里面那个演男主角姓孙的孙海英，他的父亲。当时是辽宁人民艺术剧院比较有威信的一个演员，由他带你去。我说行啊，我心里想，谁带我去都一样，我反正都不认识。

到了上海，也没有先看戏，先去看领导，买了一大把鲜花，就去看周桓了。周桓当时住在华东医院，上海最好的一个医院。丁尼第一句话就是：周书记，李露玲同志已经到沈阳了，她今天来看看你。我当然就知道他是周书记了，我就把花给他，我说周书记，我今天来看看你。他说，好，你来了就好，坐吧。完了就说了一大堆领导应当说的话，什么家属都安排好了没有？家里住得怎么样？习惯不习惯？这一类的话。你要有什么困难，尽量向组织反映，只要组织能解决的，肯定能给你解决。巴鸿的问题我们也考虑了，他劳动结束了，我们也会把他调来沈阳的。这些你都安心。你现在唯一的就是把你的工作做好，反正说了类似的这

---

① 此处口述人的记忆有误。魏华门是在话剧《前进再前进》中饰演徐殿九，获全国第一届话剧观摩演出一等表演奖。《曙光照耀莫斯科》在北京演出虽然轰动，但未评奖。

② 这一段是后面说的，编纂时，按时间顺序，调整至此。

③ 此处记忆有误，周桓（1909—1993），上将，曾担任东北军区副政委、政委，沈阳军区政委、辽宁省委书记处书记，未担任过军区司令员。

些话。话说完了，他说我有客人来看我了，你们走吧。完了就去观摩了一下那些剧，就跟丁尼回来了。

回来我就排这个《孙悟空三打白骨精》。我第一次排歌舞剧，确实有一点难度。你说音乐我还懂点，舞蹈却不大懂，尤其是孙悟空跟白骨精这两个人，都有一点舞蹈。他们选的两个演员，本身就有这种基础，所以就不影响我的想象。我要求的他们都能做到，什么翻滚、下腰、劈叉，他们都会，并且做得都很地道，可以说没有给我带来什么困难。在排的过程当中，我都没遇到什么困难，我现在也是自己说说自己，捧捧自己吧。

我排戏有几个特点，一个特点是热情，非常热情。戏非常饱满，决不枯燥，非常有情，这是我任何一个戏的特点。我的戏之所以受欢迎，直到今天为止，于黛琴只要看见我就说，露玲同志你真可惜，你的才能没有完全发挥出来！排完这个《孙悟空三打白骨精》，第一次审查，罗丁来看戏，看的过程当中，我心已经比较定了，我需要反映的都反映了。最后罗丁跟我说了几句话，露玲——他们叫我不客气了——怎么说呢？你的戏不是缺什么，是多了东西。东西太多了，我要给你拿掉一些，尤其是花果山那一幕戏，小猴子在那玩，太多了，你知道吗？这些东西太多了，会喧宾夺主的。我觉得这句话对我是有帮助的，我就把那些该删掉的都删掉了。虽然我很心疼，这是我费心思想出来的那些招，很招人喜欢的，都拿掉了。我怕影响主戏，都拿掉了。这一关就这么过了。过了以后，周桓回来，周书记要来看戏，我紧张啊。再紧张，这一关也得过，周书记也来看戏了。也是在看戏的过程当中，该有的反应都有了，而且罗丁说的这些我已经都拿掉了。完了之后，周书记就鼓掌了，说戏排得好，我喜欢，但是你们这个布景差得太远了，怎么还是这个样子？一点革新都没有。水帘洞我怎么没有看见水？我要求你们所有的布景给我重来，我要看见这个瀑布。水帘洞能没有瀑布吗？你们这些服装像什么嘛！？回去给我做一套新的，所有的道具好好考虑一下，符合剧情的要求。就说了这么多话。周书记一番话，谁敢表示异议啊？照做不误。过了一个阶段，把这些都做齐了，我也是第一次在舞台上看见瀑布，他们买了一批绸子，最好的绸子，再加上灯光的配合，就是有瀑布了。这个当然给环境增色不少，服装都变样子了。又请周书记来看一次戏，就说这还差不多，就点头了，说公演。我可以这么说，真是一炮打响。没有组织，都是满座。到什么程度呢？辽宁省各市的导演都来参观，都来要我的《导演阐述》，打印了多少份，来的这些导演一人一份，拿回去。这个戏到大连，整整在那公演了一个月。这也是比较空前的。我当时这个心情高兴的，就不用说了。这个戏一直是他们剧院的保留剧目。

陈：然后呢？《孙悟空三打白骨精》之后？

李：我又排了第二部戏，第二部戏是话剧。中间还有一个插曲，演完了《孙悟空三打白骨精》，白居就选了一个剧本，《白雪公主》，叫我来排。我就想说明，我当时这个思想之“左”啊——我看了看剧本，说这个戏能跟《孙悟空三打白骨精》画等号吗？《孙悟空三打白骨精》只不过是借这个戏来歌颂毛主席的，实质是这个。你突然来一个《白雪公主》，我思想上拐不过弯了，要我歌颂那么一个资产阶级的小姐？那可不行！我就毫不客气地拒绝排这个戏。我已经跟你说了，我当时真是毫不隐讳自己的弱点。

陈：时代就是那个时代，您这样想，很正常。

李：我真是毫不考虑我会得到什么结果，等等之类，我就感觉，这个戏应该不是让我排，我就不排。她就找他们自己的一个导演，本地的一个导演，是他们培养的对象。排了，演了，寥寥无几的观众。

陈：中国观众对西方童话不太买账？

李：陈墨同志，应该这样说，一样的剧本，你排跟我排，是两回事。这个我觉得跟导演的功力有关，不能说一点责任都没有，不能完全怪观众。也有我阿Q精神，自己这么想的。后来排什么？排话剧吧。排话剧就排话剧，我更不在话下了。我排这个话剧也是独幕的，这个名字我怎么也想不起来了，是歌颂老师的，这我愿意排。在这个过程当中，巴鸿来。这个我昨天已经说过，不重复了。

我在排戏。我住在主楼宿舍。洗澡是在家属区那边的一个地方。一三五男的，二四六女的。又是冬天了，我去洗澡，洗完澡，走到我的宿舍来，整个头发变成冰棍了。我还没有碰到过这样的情况，觉得特别有趣。都冻成冰棍了，怎么办呢？我就把头搁到暖气上，我就烤，都烤化了，挺干净的，没事。不知道是第二天还是第三天，高烧40度、41度，我全身疼的啊！腹膜炎。找大夫看了，看好了。后来大夫又说了，你们这个导演，不仅是这一次受寒了引起的腹膜炎，她本身是肺结核，左肺上边有小小的一个空洞，她自己根本不知道。她说这个话，我一点不奇怪，因为在抗战的时候，有一个叫费克的，他一直是肺病，大家一起吃、一起喝。一查，我曾经得过肺病，直接好了，那时候也许年轻，根本没有任何感觉。这时候才查出来说，我有肺结核了。他们就商量，她有肺结核了，那怎么办呢？不能再工作了，把她送到肺结核病医院去吧。一般的医院谁收啊？这是传染病，必须送到肺结核医院。当时就有议论了，包括那个魏华门同志，说那怎么可以呢？那个排菌的人有多少啊，都是有重肺结核的人送去的，她到那去，整天吸收那个肺结核病菌，到时候会更多，所以不能送。那问问书记吧，看看送不送？周桓书记一听说，那怎么可以？李露玲不可以送到病院去。那怎么办？书记就说，留在剧院给她看。书记又说，我没有说叫她天天去医院，让大夫来，天天到剧院来看病。我不知道我跟书记有什么缘分。书记说，让她停职留薪一年，叫她看病。为什么我老跟你说周桓？周桓同志这么说了，谁敢说什么啊？我真的是停职留薪一年。这一年每天有大夫到宿舍来，给我进行血液注射治疗，真的一年把我肺结核治好了。当时多困难，居然有青霉素这一类药用在我的身上，这是我永远不会忘记的。除了党能够做到，谁有这个力量？

我再说说我思想上出格的一幕，我都不隐瞒。这个是说到魏华门。这位魏华门同志，还要补充一点。在《孙悟空三打白骨精》演出完了以后，这么轰动，魏华门高兴至极，请我出去吃饭。那也很平常，就吃了一顿饭。就在吃饭的那一天，所有来的菜，他就问那个服务员，你再拿个盘子来，把他的菜拨一半在另外的盘子里，再来一个碗，倒半碗醋。他就跟我说了。他说，露玲，我告诉你，我是有肝病的人，这个病是传染的，我这个盘子的菜你千万别碰，听懂了吗？我说听懂了。“我拿到你盘子里的菜你吃，你所有的筷、勺子、碗都在醋里涮一遍，你吃完饭以后，这个醋你一定喝掉，懂吗？”我说懂。那一天我知道，这个人是有这个病的，而且还在住院。那个时候，像我这一级的干部，要补贴一个月一斤肉，一些鸡蛋。后来我不是病了吗？这位魏华门把他所有的补助，全部给我。肉、蛋，全部给我。这都不说了，那个时候能够从北京带一点挂面，是不得了的事情。东北哪儿买去？我居然能够吃到这么一碗挂面，里面还有鸡蛋，就是魏华门做的。那个时候已经有厨房了，只不过我不去而已。不是偶尔，是经常，今天送挂面，明天送肉，后天送鸡鸭。在我病的一年当中，没有停过。陈墨同志，我生平第一次享受到一个异性对于我的所谓呵护两个字。除了这些物质上的支援之外，除了他亲自做以外，还有精神上的呵护，有一首诗……对，他写给我的，这个诗不外乎鼓励、安慰这一类的，应该就是情诗。已经很明显了，我再没有文化，我也明白了。碰到了这么一个人，这都是使我意外的事情。意料之外，绝对的意料之外。我已经说了，他是这么一个演员，他本身也是一个党员，他也有妻子，还有一个孩子，10岁的儿子。我知道这样不好，而且那个女同志[①] 是一个非常好的人，是他们辽艺的，也是一个比较得力的演员。同一所厨房，低头不见抬头见的这么一个人。我说这样不好。他说这不是你的事，他说没有你的时候，我们就不好，与你任何关系都没有，这不是你要过问的事情，你别管。我不瞒你说，那个时候确实我的情感也有波动，这就是我不得不真实地说说我自己不对的地方。因为人家有老婆，有儿子，这一点是绝对不可以的。但是如果他没有老婆，哪怕有儿子呢，那我是毫无疑问会跟巴鸿分手的。这我是说心里话。我从来没有得到过这么好的异性对我的呵护，这么说吧，从精神到物质。不久他又住院了，说是病犯了。你想他这么重的病，所有的营养品都给我了，他自己一点都没有留。住院不久，吐了几口血，就这么走了。因为这件事情，影响了我在辽艺的威信，可以这么说。这件事情，儿童剧院也好，歌剧院也好，辽宁剧院也好，无人不知。没有一个不了解的，包括周桓在内；也没有一个人阻止，包括白居。这就是后来巴鸿一直责备我的：你知道你为什么这么多年不入党？就是这件事情影响你入不了党！

---

① “那个女同志”，是指魏华门的妻子。

陈：巴鸿老师怎么知道这件事？

李：我自己说的。我觉得，我又没有对不起你，我干吗不说？我情感上确实走神了。我认为做的是出格的事情，你有出格的事情，说不说是你的问题。作为我的为人，我不想隐瞒，我是这么做的。而且也隐瞒不住，无人不知，无人不晓，我这么跟你说了。好事不出门，坏事传千里，能不传到他的耳朵里去吗？

陈：巴鸿老师发火吗？他知道这个事情，吃醋吗？

李：他不是说了？你要没这个事情，早就入党了。老是拿这些话来说我。巴鸿的人缘本来就好，围着他转的人也不少，我当时的态度很明确，允许我思想走神，难道不允许别人思想走神吗？我也不介意。

陈：您是在暗示巴鸿老师走过神吗？

李：……

陈：关于魏华门老师，还有补充吗？

李：那个时候，他们告诉我，说他去世了，我不相信，我绝对不相信。我就以为他们是一刀切[①]。我一直认为是这样的。我总是这么想，总有一天，有一个人来敲门，一开门，原来是他！这样的思想在我脑子里经常出现。

陈：到今天，您还不相信他真的去世了？

李：现在，在我的心目当中，他是这样的真挚，这样的不爱惜自己，为了别人。我有什么值得人家这样？而且他没有任何欺骗行为。不像姚牧，同时给你糖吃，也给那个人糖吃，不是这样的。

后来不是有段时间把沈阳所有的干部都调到盘锦去吗？把盘锦的苇子一律弄掉，种上大米。那个时候，辽宁儿童剧院全部取消，都没有的。种大米以后，这些人就要留在盘锦了。他们就告诉我，“我们的意见还是你去朝阳吧，”白居说的，说经我们考虑，我觉得，你用不着跟我们在这里熬着种大米，她对我说：“这样对你更好一些，何必在这里浪费时间呢？那边也需要人，你去给他们排排戏，一样的有贡献。”要我去，就去吧。

① 一刀切，意思是指她怀疑组织上做出决定，让他们一刀两断。

这个也是与周桓有直接关系的。这个朝阳地区，也有一个（文艺团体），不叫话剧团，是样板戏学习班。就说我到那更适合、有用一些。周桓没有亲自跟我说，是白居说的。我就到了朝阳。我到了朝阳，就在那工作，不遗余力。

1980年周桓到北京[①]，住在中共中央组织部招待所，他希望我能到组织部来，想看看我。我去了组织部招待所，看到不仅他在，他的爱人也在。他的爱人姓李，跟我一个姓，他叫我叫她李大姐。他说你以后有什么问题，不仅可以找我，也可以找李大姐。我看了看他，非常高兴，就回来了。这是我跟周桓最后见的一面。

陈：求证一下，20世纪80年代您被调回北京，周桓书记帮了忙，这个信息不能证实，也不能证伪，是这样的意思吗？

李：是的。这件事情巴鸿跟我有争议。巴鸿说，怎么是周桓帮忙的？他说明明是我回来之后，王阑西[②]知道我这个情况，我们两地生活，这样把你调回来的，跟周桓有什么关系？因为巴鸿既然调回北京，年纪也到了四五十岁了，家属应随行，这个消息是巴鸿亲自跟我说的，这个没有任何的疑问。我只能说，我回北京有这两种说法，至于哪一种，确实我不知道。

这还没有完。我1980年回来了，早不提晚不提，偏是1980年，那一年全国提级。而我人是来北京了，材料还没有完全过来。朝阳就说了，虽然露玲导演不在了，但是李导演这一级，我们非提不可！李导演在我们东北做的事情太多了，如果我们不给她提级，我们心里说不过去。提级是绝对通过的。提了级以后，他们就告诉我，我们给你提了一级。你知道，这一级如果不提的话，出差我应该是硬卧，提了级就是软卧了；看病我应该是普通病房，提了这一级就是高干病房了，是这么性质的一级。告诉我提级了，我说那好啊，那我就等着。汪洋去世以后，中间来

---

① 周桓到北京，指的是到北京担任文化部顾问。

② 王阑西是当时文化部副部长，曾主管电影。

③ 时间记忆不确定，所说厂长是指胡其明，他担任北京电影制片厂厂长的时间是1984—1988年。

了一个厂长，他在那待了一年，是大家最不喜欢的一个厂长。这个厂长待了不久就走了。[①] 就来了宋崇，宋崇也是莫名其妙地找我拍了一个《霹雳贝贝》[②]，这也是我没有想到的事情。他既然让我拍了《霹雳贝贝》，我觉得宋崇这个人还不错，就跟宋崇同志提了这个事情，我说东北给我提了一级，事隔一年了[③]，都没有任何的反应，那个厂长走的时候，给你交代这件事情没有？宋崇说没有，从来没有听说过这件事情。他说你别着急，我叫人事科去查一查，看看有没有这个文件，如果有这个文件，你放心，我一定给你办；如果没有这个文件，那你就别怨我了。我说那当然。他就让人事科查，人事科告诉宋厂长，有这个文件。宋崇就跟我说了，你放心吧，这件事情我一定给你办妥。不是因为这些事情我说他好，宋崇是继汪洋之后，所有北影人最喜欢的一个厂长。

陈：您在辽宁工作期间，是否见到过白大方？[④]

李：是我去了以后[③]，白大方去了，任鲁迅美术学院的院长。这挺好，白大方去了之后，他认识的人多，特别是去找了罗丁、白居这些人，跟他们介绍，“露玲同志是我们电影学校的，又是表演艺术研究所的。”介绍了一通。白大方这个人非常豪爽，是一个很没有心眼，大大咧咧的这么一个人，这就是我总的印象。

---

①《霹雳贝贝》，北京电影制片厂1988年摄制，宋崇、翁路明导演。

② 时间记忆不确定，宋崇是 1988 年才担任北京电影制片厂厂长的，距口述人调回北京、工资提级的 1980 年已经过去 8 年时间了。

③ 白大方（1913—1974），曾名白亦周，河北沧县人。1950年主持过南京电影放映训练班，训练学员1800人，1951年任中央电影局电影学校（北京电影学院前身）校长，1962年调任沈阳鲁迅艺术学院院长兼党委书记，1974年被迫害致死。

④ 我去了以后，是指口述人从北京调到辽宁儿童艺术剧院。

从盘锦到朝阳

陈：您从盘锦调到朝阳的样板戏学习班，是 1973 年？

李：我到那儿去，并没有看见一个什么完整的样板戏，别说完整了，哪怕他们给我表演一个片段，我也算看到了，没有。我去了以后，第一件事情，要我去西安。我说去西安干什么？他说西安歌舞团，他们正在那儿演——如果我没有记错的话——《小二黑结婚》，我们想叫你来排这个戏。那个时候有一种风气，要排一个戏，都是先出去观摩一下，学习一下，再回来排。我心想何乐而不为？我还没有去过西安，去逛一次西安。不仅是我去了，我带着主要演员都去了西安。去了西安，这一班演员就闹腾："李导演，请吃羊肉泡馍！"我就领着这一帮人去吃羊肉泡馍。买好票，去拿羊肉泡馍了，我跟着去排队，把羊肉泡馍拿回来吃，这得付钱的。钱包哪儿去了？这个钱包里头，钱、粮票，所有的票、单位的介绍信，一律没有了。不过还好，那些演员身上还有一点钱。他们赶快打电报回来，李导演钱被偷了，你们赶快寄一笔钱来，要不然我们回不去了。这是我到朝阳的第一件事情。我对西安印象不好，怎么是这样的？但是也有收获，蒋介石跑的道[①]，我也跑了一次；蒋介石住的房子，我也去参观了。我说良心话，我说把蒋介石骂成这个样子，他住的地方这么简单？非常简单的一张双人床，一个硬椅子，一个硬桌子，其他什么也没有。我心想，这么简朴？

陈：《小二黑结婚》观摩的结果是什么？

---

① 指的是1936年12月12日，西安事变时，蒋介石从住所出逃的路径。

李：我回来就排了，排歌剧对我来讲，还是不生疏的，我已经排过《孙悟空三打白骨精》了。

陈：这个时期可以排《小二黑结婚》？

李：是可以的。我在那儿一共就排了三个戏，每个戏都没有什么疙里疙瘩的，反正我这个人水平，也不是什么大导演，那里也没有什么不得了的大演员。总算这个戏还是可以拿得出来，可以公演，公演的场数也都不算多。

陈：这个团体机构叫什么？总不能老叫样板戏学习班吧？

李：是朝阳话剧团，到现在为止，还是朝阳话剧团。

陈：但您排的这几个戏，可都是歌剧啊？

李：对，都是歌剧。其中有一件事情，我觉得应该说一下，朝阳地震、唐山地震。我记得是夏天，热极了，半夜，这些孩子们怕热，带着胸罩，穿着裤衩睡觉。广东人都有睡衣，我永远是一套衣服睡觉的。半夜就听到瓶子都往地下掉，屋子震动起来了，一下就意识到：地震了。我们住在二楼，赶快往下面跑，梯子都有点变形了，都到这样的程度。总算是跑出来了。跑出来，都站在马路上，你看看，一个个大姑娘，这个样子，那些男同志还是不错的，赶快找来一些布给她们围起来了。自从发生了地震以后，一直就住在地震棚里面，住了很长的时间。

陈：您排过《江姐》和《刘三姐》这两部戏，有特别的记忆吗？①

李：这三个戏里边，我最喜欢《江姐》。我自己到过重庆渣滓洞，江姐受刑的房间，我都去过了——是后来去旅游。我觉得，江姐这个人太不容易了，这才是一个真正的共产党员。十指连心，在这种情况之下都能够坚持下来。这部戏的结构也挺好。

陈：除了这三个戏以外，还有别的戏吗？

李：没有任何活动，我病了。这个时候，他们就认为我的身体不太好。朝阳有个北票，北票这个地区应该是一个工业区，那里有一个煤矿，也就这么一条街，说你到那边去吧，那边也要做文艺工作，我就去到那

---

① 以下几句对话，是后面采访时说的，编纂时调整至此。

儿了。我为什么要说这个？因为这里出了一个人才，当时那个团有一个下放知识青年，这个人叫作赵文敏，只不过是爱好文艺而已，他听说我是导演，在那儿也没有什么事，就来找我。问我演戏是怎么回事。我真是从一二三四教起，从表演元素，什么叫斯坦尼，从最基础教起，教他。这个人很努力，教他的都学会了。后来我不是回北京了吗？我把他也叫到北京，叫他干什么呢？我们这里有一个导演，叫赵元，不错，朱今明的夫人。我就让他跟赵元学场记，慢慢地当了赵元的副导演。巴鸿又介绍他跟谢铁骊当场记，慢慢地也当了谢铁骊的副导演。我说起这个人是什么意思呢？我觉得他是我一个很得意的门生，在朝阳带出来这么一个人，当然最主要的是他自己努力，这个是肯定的。

当时我觉得身体已经支持不住了，但是我不得不做。巴鸿在我的肩上，我的儿子在我的肩上，我必须挺着做。有这么一天，我就坐在那儿，已经到晚上了，就觉得实在撑不起来了，觉得这个心从这里一下掉下去了，当时一点劲儿都没有。我们剧团当时有一个大夫，是一个女大夫，姓王，我告诉她，说我不行了。“怎么回事？”他们就把我送到当地医院去检查，左听右听，看大夫脸上的表情，我就知道不好。等验完尿回来，我看他们的表情更遭了，我更知道事情不好。大夫说，不仅是留下住院，你们必须有个人留在这里看着她，她上厕所，要拉着她的手去，一旦有什么，你们赶快呼叫，她的心脏随时有停的可能。后来知道是冠心病。我那个时候每分钟跳 30 下，只有 30 下，而且这 30 下不是很有规律的，乱七八糟，跳了几下不跳了，等一会儿再跳，就是这种情况。在朝阳这个地方，当时最好的药是安定，没有别的药吃。就这么坚持了一个阶段，说我们没有办法了，要送我回北京。我说回北京，我到哪儿去？只有回南京。

那一天回南京，我记得很清楚，挂了一节专列，所有朝阳领导全来送行，跟着李大夫，再派了一个演员，一直把我送到南京。我说巴鸿同志这个人，也附带说一下，也再贬他一下——我病成这个样子，巴鸿没有来守过我一次夜。我到南京住下来了，应该首先带我看病；可人家[1] 带着

---

① 指巴鸿。

大夫，带着护士她们去逛夫子庙、中山陵、玄武湖，带他们去逛去了。

他们南京不是有三层楼吗？他们家住在二楼，一楼出租，租一楼的是一个西医大夫，这不是很顺手的事吗？就请西医大夫来给我看。我就告诉你们，南京鼓楼医院就在我家[①]的旁边，都没有任何人带我去过一次，就是这个大夫给我一点药吃。巴鸿的八嫂认识中医大夫，中医也来给我看让我吃中药。一直这么维持，维持到我自己觉得好一些了。住了几天，他们大概也都玩够了，大夫要回东北了，大夫跟我说了一句话："李导演，你知道，你这次回来还给你挂了一节专列，区委书记都来送你，底下人都来了，你知道为什么吗？他们是来给你告别的，你知道吗？我之所以告诉你，你自己要非常注意，你的病是很重的，你自己要注意！"说了一通，就走了。我就一直在南京，这么待着。

巴鸿也没有一直跟我这么待着，他不是1979年就平反了吗？他回北京了。我还在南京。他回北京之后，开始是住在招待所。后来在7号楼，分配给他二室一厅的住房，我才从南京转到北京来。这时，我的户口还在朝阳，我没有资格上任何医院看病——你可以看，你自己掏钱。所以我只是在北影的医务室看一看，医务室大夫一听，这是——什么心脏，怎么成了这样？

我要提起北影演员剧团的一个演员，叫徐迅行，这个人是什么样的人物呢？他在东北长春有一点冤屈，他就找到胡耀邦，胡耀邦还真的把他认为冤屈的这件事情给他解决了。徐迅行这个人，就是他带我到北京西苑中医院去看病，带我挂号，带我拿药，回来煮药，全部是他一手操办。在我的记忆当中有这样一个同志。我的病稍微好一些，来了一个教气功的，我就把我的情况告诉他了，这个人姓马，他说你放心，你的病包在我身上，你跟我学"六字诀"，我保证你能好。我就真的跟他学"六字诀"，我还真的就好了。你问我病怎么好的？就是这个"六字诀"好的。到现在为止，我一直练这个气功是没有断的，早晨起来从头一直到脚全身按摩一次，头、肩、腿、脚都按摩到，我觉得非常好。

---

① 指丈夫巴鸿亲戚家的住所。

从朝阳回北京

陈：您调回北影剧团，还记得报到的情形吗？

李：不记得了。那有什么不得了？好像就报到，告诉我，你的档案都来了，看病可以报销了。我回来以后，巴鸿住在七号楼，那个时候两居室一厅，一居室最大，还有一间小的，所谓厅，放一个桌子，一把椅子，如此而已。有一个小阿姨。当时他住在二楼，一共是五层楼。我是从朝阳回来的，不是从南京直接回来的。我不是坐火车回来的，是卡车把我送回来的，为什么呢？因为那个时候有一种风气，买家具也买不起，都是兴自己打家具，东北朝阳出木头，他们给我带什么回来呢？给做了一套所谓的沙发，还送我一立方水曲柳，当时就说是非常宝贵的，说这个拿回去，你自己想做什么就做一点什么吧。

五楼还住了一个叫田庄的这么一个人——田庄后来不是去世了吗？——他的夫人，还有他一个女儿，母女二人住在五楼。我回来的时候，我就发现每一顿饭不是巴鸿跟小阿姨吃，还有田庄的夫人和他的女儿，他们是一起吃饭的。我回来了之后，我有这种感觉，我回来得太早了，回来得不是时候，家里并不缺我。包括小阿姨在内，这个小阿姨不是说我这儿不对，就是说我那儿不对，我觉得小阿姨处处给我找别扭。我回来不是像你说的有人来欢迎，我回来是处于这样的情况。

而且还有一件奇怪的事情，就是田庄的这位夫人，对我说我听说你带来一立方木头，那木头呢？我说巴鸿都送完了。她说怎么没有我一份呢？应该有我一份的！我说这个我真的不知道。巴鸿那么多朋友，真的给我分光了，全部送人。后来，田庄的夫人还埋怨过我。陈墨同志，你对我这个人可能还不太了解，我为什么去问这样的话？我为什么要给你留一份呢？这个话，她是直接给我说的。我说巴鸿真是的，怎么都分光了，怎么不给你留一份呢？我自己一点都没有留，一个木头片我都没有看见。

陈：下一顿吃饭是五个人一起吃？

李：五个人吃，还是她们母女，巴鸿、小阿姨、我。这个维持了很长一个阶段。田庄的女儿确实聪明至极，后来去美国了，田庄的夫人也去了美国。

陈：您回北影没两年，1983 年就离休了，是一刀切？[①]

李：对，那个时候是一刀切。

陈：从您这儿开始是一刀切。

李：觉得这个是国家的决定，没有什么不快。我觉得我已经是得了便宜，为什么这么说？秦文到这个时候不满 50 岁，人家才 49 岁，还有几个月，就愣说人家够 50 了，就切下来了。我那个时候，好像超了几年，那有什么可说的？应该切。也没有说切下来我不是离休了，也没有说不让工作了，也没有这么说。

陈：巴鸿老师呢？

李：他更无所谓。巴鸿这个人，是一个大好人，非常能干。在行政工作上面，在处理人事关系这一方面，我觉得他是一个非常好的人，他的群众关系非常好。但是巴鸿有一个弱点，跟他的好朋友谢铁骊来比，他没有谢铁骊的钻研劲，他不是属于这一类的人。他对演员剧团排这些小戏，看不上，觉得不值得一排。他自从离休，一直有一个愿望，要到导演室去。最后满足他的愿望了，离休以后[②]，叫他到导演室去了，不仅到了导演室，后来还当了导演组的组长。但是没有一部能拿得出来的作品，就是《白杨树下》[③] 这么一部。《白杨树下》还不是北影的，是哪个地方的一个厂投资的。我觉得巴鸿还是一个悲剧，在剧团工作了这么多年，于洋当团长的时候出了一本《北影演员剧团三十年》，我在那个书里

---

① 以下直至本章结束，都是后面采访时说的，编纂时调整至此。

② 此处表述有误，巴鸿调入北影导演室，是在离休之前，而非离休之后。

③《白杨树下》，广西电影制片厂1983年摄制，巴鸿、邢榕导演。

头被记载得很详细，排大戏、小戏；巴鸿的名字都没有一个。我一直没有离开过剧团，他到导演室了。我当时看完之后，心里就提出这么个问题。于洋，我们是很好的朋友，我不便去问。

陈： 您从 1980 年回到演员剧团以后，还做过哪些工作？有要补充的吗？排过哪些戏？我记得，您说您在演员剧团是排戏最多的人，排话剧。

李： 是。

陈： 关于这些具体的作品，您还有补充吗？

李： 就是排的两个大戏，我已经说过了。《真情假意》我已经说过了，后来又是我自己排的。《家》虽然做了很多工作，我没有出名[①]，那个独幕戏，都是我排的，没有第二个。

陈： 希望您回顾一下从供给制到工薪制，然后涨工资、调工资，有哪些愉快的或者不愉快的记忆？[②]

李： 这个我很容易就回答了，供给小米的时候是三百多斤，后来要调整正式工资，那就调吧，爱怎么调就怎么调，一调我就是九级。

陈： 文艺九级？

李： 我可以给你这么说，从调级那一天，到我拿到这一个级别，我自己没有费过任何神，没有多说过一句话。以前调工资，你知道，我觉得工厂这一点做得不好，非得大伙儿讨论："这一次调工资，只有几个名额，你们看给谁？"这不是要打架吗？

陈： 那是，弄不好要挤破头。

李： 我从来没有说过一句话，但是结果总归是有我的。

陈： 您是说，每次该调工资都调了？

李： 我都有，从来没有落过。我也没有说过一句话，就是一点虚话都没有。后来人家就问我——就是回北京后调这一级的时候，因为朝阳已经告诉我了，李导演，我们给你调了工资了；我说了，那个厂长，怎么一年都不理，怎么回事？我去过一次朝阳，朝阳的人说：李导演，你要相信我们，我们肯定是过去了，问题不在我们这边，你回北影去

---

① 指没有挂名导演。

② 调整工资的话题是后面说的，编纂时调整至此。

问吧。

陈： 过问自己的工资，有过这么一次？

李： 别的都没有。

陈： 您对历次调整工资的事，有过不满意的时候吗？

李： 没有。

陈： 该评上都评上了，所以也没有什么不满意的？

李： 因为说老实话，大家吵吵的印象我有，结果我总是有的，我有什么不满意的呢？

陈： 巴鸿老师的工资呢？

李： 我不是说他比我高一级吗？他在表演艺术研究所的时候，人家是陈波儿的秘书！开玩笑！人家是研究所的秘书，那个时候，人家就比我高。

陈： 反右以后，他的工资是不是降了很多？

李： 反右以后不是降不降，是取消。一直到他回来了之后才恢复。

陈： 回北京以后才恢复工资级别？

李： 我们没有多拿一分钱。

陈： 就是一分钱工资都没有补过，是吧？您和巴鸿老师对这有意见吗？或者，有要补工资的要求吗？觉得 22 年的工资应该补发吗？

李： 好像打抱不平的人挺多，回答是：这个不是我们北影说了算。

《霹雳贝贝》和《家有仙妻》

陈：1988 年，您在电影《霹雳贝贝》中出演一个角色，还记得吗？

李：我一点音讯都没有。突然就告诉我，他们剧务——还是什么副导演——告诉我，说那个导演叫宋崇，他要拍一个《霹雳贝贝》，要找你去演一个奶奶，那个奶奶身上有一个特点，带电的，说宋导演要找你去。那就去吧。

陈：这是您四十年以后重登银幕，不习惯吧？

李：可以这么说。我其实戏并不多，现在提起来，我还能想起来，我要扶着楼梯这么走下来，就这么一个镜头。当时我比较紧张，已经不习惯了，突然来了一个戏，有点受宠若惊的感觉。已经在现场了，来不及去弥补。我身上有电，好像碰到孩子触电还是怎么着，是一个很不平常的事情。一个老人怎么身上带电呢？

陈：您拍《霹雳贝贝》，一般是几条过？

李：好像没有多少条。

陈：您演《霹雳贝贝》的报酬是怎么算的？

李：我一点印象也没有了，真是一点印象也没有了。当然，应该有这么一个概念，不仅是我，我们这一代人在当时那个年代一提到钱，就觉得是一种非常羞辱的事情。太俗气了。怎么是这样呢？一个真正的艺术家怎么会提钱？

陈：对《霹雳贝贝》的表演，有怎样的总结？

李：我觉得对我的表演来说，我这一生应当说没有走过弯路。我非常感谢章泯同志。在艺术上，章泯同志是我永远值得纪念的一个很好的老师，因为他教给了我最正确的表演方法。虽然章泯同志在这一方面还是有所欠缺，不够完整，但是总的方向是没有错的。

陈：对《霹雳贝贝》本身的总结呢？

李：没有什么印象，你不提，我都忘了。

陈：1998年您出演电视剧《家有仙妻Ⅱ》①，有什么记忆？

李：我真是一点都没有想到，他们到北影来找这么一个人，会找到我。他们为什么要找到我呢？所有的服装全部是我个人的，我当时在香港待了几年，自认为自己是土里呱叽的这么一个人，但他们认为在李露玲身上有这么一点洋味，我现在也不认可的。他们觉得我好像有这一方面的气质而被选。

陈：您从香港带回来的服装？什么时候？

李：我后来又回香港了。而且巴鸿的姐姐历次回来，总要给我带一点服装。当年只有我是裙子。导演就告诉我了："你对镜头的熟悉跟吕丽萍差远了，你看人家！"就是吕丽萍对镜头的适应能力比我强多了。就是说你没有吕丽萍适应能力这么好。要是我是导演，我不会这么说，你要我这么做，你就慢慢启发我吧，你这么说，对我除了刺激之外，还有什么作用？我记得很清楚了，这一句话到现在我还没有忘。他希望我更自然一些，或者更随和一些。对于这个功课，我觉得我没有什么不理解，我当时是演很富有的这么一个老人，我太熟悉了。这个模特太多了，巴鸿的姐姐就是原型，随便找一个就可以了。

我觉得我那一次拿的钱够多的，八千块钱。吕丽萍大概不是八万就是十万，这么大的距离。我有自知之明，演员，我只不过是处于这样一个地位。这个就要有阿Q精神了，要不然这一关怎么过？我只不过是这样一个演员而已，离名演员还差得远。没有先谈报酬，我根本没有在乎这些，即使是先谈的话，我也会说：你们随便吧，爱给多少给多少。他就是给我八百块钱，我也没有话说。

陈：关于《家有仙妻Ⅱ》，您有什么要补充的吗？

李：我没有什么难忘的。我总是要默默——就是海默的女儿——我

①《家有仙妻Ⅱ》，电视连续剧，台湾、辽宁、香港合拍，1998年出品，伍宗德导演。

说你把这个片子给我拷贝一个，我做一个纪念。她说：李阿姨，我上哪儿给你找去？我没有。

陈：您后来完整地看过这个戏吧？

李：我看过。不仅是我看过,我的女儿也看过。我女儿只说了一句话：妈妈，你穿的衣服我都认识。只说我女儿的反应，还是满意吧。

陈：您又拍过广告宣传片，比如说《白发亲娘》。

李：没有什么记忆了。江韵辉的朋友，好多电视短剧或者是广告这一类的，好多人去找她，她就说，你去找李露玲吧，她比我更合适。《白发亲娘》这一次，是这样的，我想应该是先找江韵辉，肯定是江韵辉不愿意，来找我的。实际上就是江韵辉来告诉我，露玲，有个片子缺一个妈妈，你最合适，你就去吧。

陈：因为江韵辉的女儿在中央电视台，是吧？

李：是电视台最棒的一个女导演，几次得奖，叫谢小梅。你注意这个名字就知道了，几次获奖，最近还有一个片子，打电话叫我看。

陈：您拍广告宣传片《白发亲娘》，报酬如何？

李：五百块钱或者几百块钱，就几百块钱。那些短剧也都是这样，没有上千过。反正觉得很少钱。不记得了。作为我，一方面过过戏瘾，一方面是外快。

陈：拍 MTV 跟电影和舞台剧有不一样的地方吗？

李：正式片子的话，我上次跟你说了，今天来是 18 岁，明天来是 80 岁，短片哪儿有这种问题？比方说这个短片只是庆祝你 80 岁生日，如此而已，完了。这个对我来讲简直就像玩一样。

陈：这些报酬，您刚才说是外快，您是怎么处理的？

李：我当时已经有家庭负担了。巴鸿有一个特点，我已经说过了，不是爱请客吗？不是一拽一帮子去吃吗？我们卫生所还有老干部处的，没有一个他没有请到的，没有说是一年才吃过一次的，说得夸张点，一个月吃一次。这个花销最大。我没有意见，这有什么意见？

78岁加入中国共产党

陈： 2000 年，您加入共产党。您已经 78 岁了，为什么还要入党？

李： 因为你这一次采访，迫使我把我这一生捋了一下。否则的话，我都没有想这么多。我只是想，过一天我就接近八宝山一天。我那天说了，你逼迫我返老还童，我不得不去想这些问题。我头一个得感谢路翎，是他教给我中国共产党是真抗日、真反蒋的；蒋介石是假抗日、是反对共产党的。共产党是要领导劳动人民翻身的，是要推翻蒋介石的，这一条路是我们要走的。所以我进了育才，就知道有共产党。谁领我去育才？是路翎。我还感谢路翎教给我文化，我学历只有初中一年半，后来之所以还能读一点书，明白一点事，是路翎教的。到了育才，不仅是学习到一点艺术、文化，还知道有一个延安，延安还不断有人来给育才的这些人做报告。那个时候报告，我对这些事情本来就不感兴趣，就是报告抗日战争阶段，又是哪儿得了，哪儿失，什么东西的，我都没有印象了。但是知道报告人是延安来的，也说一下延安当时的那些情况。从这个时候开始，就知道有共产党了。

那个时候我的思想只有一个界线，你是进步的，他不是进步的。你为什么进步呢？你抗日了、你反蒋了。他为什么不进步？他不抗日、他不反蒋。只有这个界线，没有说什么共产党或者民盟，都没有。进步概括一些。

陈： 蒋介石那时候是全国抗日领袖，为什么要反蒋？

李： 蒋介石他不是真正的抗日，他是反对共产党的。路翎教给我一句话，蒋介石宁错杀千人，也不能漏掉一个共产党，因为共产党是反对蒋介石的。

后来贺绿汀就走了，贺绿汀就把这个音乐系交给姚牧了，说 1941 年我再来信，你们再去新四军。我不是到了桂林吗？不是太平洋战争爆发了吗？把香港这条线不是切断了吗？就是把我们去新四军这条路给切断了。当时新中国剧社不是成立了吗？他们不是缺一个演员吗？姚牧就叫我去试试看。那个时候，咱不管是大炮、小炮还是鞭炮，也算响了。所以我就从爱好音乐走到了爱好表演，演员工作是从这个时候开始。那个时候我并不知道新中国剧社是共产党领导的，反正姚牧叫我去的地方是没错的。进了新中国剧社以后，新中国剧社这一套跟延安当时那种做法没有什么两样，有定期的生活会，生活会就是自我批评，毛主席《在延安文艺座谈会上的讲话》那是必读的，一点不落的，一直在走共产党这条路。

陈：您什么时候开始想着自己也要入党？

李：我不是已经跟你说了吗？后来不是到了香港吗？我知道邵荃麟是共产党，章泯是共产党，夏衍是共产党。那个时候我的思想是什么，你知道吗？像这样一些人物，这样的大人物才能是共产党。我差得远了。我能跟章泯比吗？我能跟夏衍比吗？我在外边放哨，自我感觉都不得了。建国以后，也不知道入党还要自己申请的。因为我有一次民盟的经验，是洪猷来说，要我参加的。我心里就想，我够那个条件的话，组织上必然来找我。我什么要求都没有，一点这样的觉悟都没有。我不能往自己脸上贴金，我总觉得只要到了像章泯这样、像夏衍这样的人物才够上共产党员的称号。我怎么可以？你问我有没有什么要求？我最要求自己的，你们能先走的都先走，我留到最后好了，我够进步的了，是这样的水平。等到了广州以后，我说老实话，连王辛也是共产党，老早是共产党，是东江游击队过来的，是一个老党员——非常可惜，她是得癌症死的。那个时候我才知道入党需要个人申请才行，你怨谁，组织上没有去问你吗？你说你什么要求都没有。这个时候我才明白是这样的，得自己写入党申请，得写为什么要参加共产党，共产党到底是干什么的，这个时候才明白，入党要自己要求的。

陈：您写第一份入党申请书是什么时候？

李：我一直在申请入党，前后申请了三次，写了之后，发生了很多事情，我调来调去，走来走去。我在电影学院也是被肯定的一个，我不是给你说起卢梦吗？

陈：对，他说您马上要去剧团了……

李：剧团一下给我整到列斯里训练班去了。

陈：三次入党申请，这么长时间没有批准您入党？

李：可能就是我昨天说的，魏华门这个事情。这是后来巴鸿跟我说的，组织上并没有直接跟我说。巴鸿说你知道你为什么不能入党吗？是你在东北犯了错误。一说起来，巴鸿就跟我这么说。我自己也认为我是犯错误了，不是跟人家好了吗？跟他有交流了，不是说跟叶以群那样，就是送点吃的，喝的，我可以跟他去吃去玩。他陪我去逛公园，还去故宫了，要是他不领我去，我还不知道。

陈：到 2000 年，为什么又想要入党呢？

李：这就是我今天要给你看照片，我要补充的理由。我非常感谢两个人，一个吴素琴，一个杜粹远。这一次完全是组织上主动，我处于被动，吴素琴来跟我说："露玲，我们要解决你一个问题。"我说我有什么问题好解决的？"我一定要给你解决你的入党问题。"我说真的假的？她说："什么时候给你说过假的？"我说那就太好了。完了，杜粹远就告诉我说："露玲，我给你说一件事情。"我说有什么事，你说。她说："我的遗嘱已经写好了，我要告诉你一声，否则你不知道。"她说："除了我家庭的事情不想告诉你，我在里面说了一个问题，就是当我去世以后，如果露玲的组织问题还没有解决，你们有关人员一定要解决李露玲的组织问题，这个同志是够党员资格，够党员条件的，她是应当被我们吸收到党内来的，根据她一贯的表现，各个方面的表现都是够党员条件的。"对我来讲，当然是非常感谢她。我这么猜——这个是我推测的，我跟杜粹远不是一个支部，我们这里有一个特点，比方说 27 号楼有自己 27 号楼的一个支部，她又有他们一个支部——她可能把她的遗嘱告诉了我们这个支部。吴素琴也不住这个楼，她是整个剧团的支部书记，吴素琴这个人在政治方面还是很有威望的，来自东北文工团。我太高兴了！太好了！而且吴素琴跟我说这么一句话：入党介绍人我都给你找好了。我说谁？是杜粹远。因此有我刚才说的这么一个逻辑。

陈：您的入党介绍人是一个还是两个？应该是两个吧？

李：两个，是杜粹远和白铭德，（指着照片）这个上边有，就是我们演员剧团的。介绍人不是我自己选的，是吴素琴给我选的。吴素琴告诉我：你的三封入党申请书都在我手里，不需要你再写了。对于你，我们都很了解了，这一次下定决心要给你解决这个问题。在讨论的过程当中——应该是对当事人保密的，中国的一句话也对，没有不透风的墙——就是有人反对，只有一个人反对。反对的原因，她是从香港来的，这个那个的，都是原因。巴鸿入党的时候她反对，我入党的时候也是她反对，这一位就是郭维的夫人，她和我们之间没有任何的个人恩怨。

陈：巴鸿老师是什么时候入党的？

李：巴鸿？1979 年回来以后，马上就入党了①。

我今天要补充的，一个是吴素琴，一个是杜粹远，这两位同志，居然给予我这样的肯定，也是我终生难忘的。我的入党仪式很隆重，不是在演员剧团几个人举手宣誓，不是的，现在叫中国电影集团公司，北影的，有发行公司的，都有人入党，是在一个剧场，这些人集合在一起入党宣誓。宣誓完了之后，接着就有一个记者来对我进行采访。报社的，就是：“非常恭喜您，您入党了！”

陈：您是那天新党员中年龄最大的吗？

李：这我真不知道，反正那时候，年轻、年老的都有，站成一排了。

陈：您当时有一种如释重负的感觉吗？终于了结了一个心愿？

李：我怎么来说这个问题了呢？你待会儿又说带有文艺性了。我觉得这个屋子，我说住了几十年，谁都认为我是这个屋子的主人，不是，我不过是一个平凡的住客。就那一下，我变成主人了，我就想到，露玲

---

① 此处记忆有误。巴鸿入党时间是1988年，并非一回来马上就入党。

也可以安息了，走到底了。

陈： 这个照片是什么时候拍的？您参加党支部会拍的吗？

李： 不，就是通知我入党的那一天。通知我入党，跟我宣誓是两回事，大概是宣誓以前吧，这是我们支部的成员，不是剧团的成员。

陈： 入党真是不太容易，六十年追求，巴鸿老师祝贺了吗？

李： 我们夫妻之间没有这一套，从来没有过这一套。

谈丈夫巴鸿：人生点滴

陈：2006年8月，巴鸿老师去世。您是巴鸿老师的妻子，请您从您的角度，对巴鸿老师做一个生平总结。

李：我对巴鸿这个人，已经介绍过了。

我已经说过了，巴鸿是一个非常好的好人。如果还要说，只能谈我个人的意见，不一定是很准确的。巴鸿没有任何坏心眼儿，没有任何要踩着人的肩膀往上上的野心，没有整一下别人，自己怎么来一下，他不是这样一个人。我觉得巴鸿选错了职业，他应该是去做行政工作，做外交工作也好，是非常能干的这么一个人。而且巴鸿非常勇敢，不怕吃苦。我认为他是很缺乏艺术细胞的一个人。

巴鸿是一个很好的好人，但不是一个称职的丈夫，不是一个称职的父亲。你刚才提问的问题，跟巴鸿谈过离婚这个问题没有？自从巴鸿被划成右派这个问题发生以后，我的儿子学习是非常好的，初中毕业了，要上高中，人家来告诉我了，他考得好极了，各门功课都好，都得九十几分，我非常高兴，可是政审不合格，不予录取。我的大女儿，我已经跟你说了，高中毕业了，她男朋友是空军，因为人家了解到他的女朋友家属是右派，妈妈是反革命，开除，愣是把那个孩子开除了。这个对我来说，现在都觉得我欠他一笔债，太冤枉了。因为这些事情，我就跟巴鸿说，巴鸿，我们还是分开吧！我说，孩子实在是太冤枉，从小就是“小反革命”“小右派”，到现在还是摆脱不了这个，我说分开吧！巴鸿说，你跟我分开了，我家里怎么能接受得了？况且还有别的右派，他们的孩子们都过得挺好，一样考上大学、考上高中，为什么我们的孩子就没有呢？是不是你借着这个机会想跟我分开啊？我说那就算了吧！谈到这里为止，就算了。

陈：22 年只是谈过这一次？

李：就是他到沈阳去看我的时候，我跟他说的。

陈：您好像还去安徽劳改农场看过他一次，那是在什么时候？

李：那是在他调到沈阳以前，1972 年，这一年我记得。那时候我也解放了，改正了，没事了。我手里还攒了一点钱，我好久没有回过我家，好久没有出来走过。而且那个时候，军宣队对我都挺好的。尼克松头一次访华，按说是什么人都不会批准走动的，我就想出来走走，剧院批准了。我第一趟就是到他那去，到安徽铜陵，他不在铜陵市区，还要过一条河，在一个劳改农场。那个河跟那个镇是一条船来回。我在招待所一登记，是北影的导演[①]，不得了了，北影来的导演，对我的热情就别提了。我就向他们打听，劳改农场怎么走，他就问您干吗？我说我去看我的丈夫巴鸿，马上变脸，说原来是一个反革命家属。告诉我，只有一条船，昨天晚上就过去了，今天早上过来，你要去的话，等早上，船几点到，你就走吧。我就按照那个钟点去码头，我碰见了巴鸿。

陈：巴鸿老师知道您要来？

李：不知道。他跟他们那一帮人，要到镇上不知道干什么。他就问，你怎么来了？我说我来看你了。他说那好，带烟了吗？带了。我真带了两条烟，我拿出来就给他。他拿出来，一下子就没了。我就让他请假，一块回南京——他们当时叫劳动改造，可以请假，我把他领到南京，回到他的家。他妈妈早就去世了，家里只有一个大嫂，大哥也去世了。上海也住，南京也住，因为南京是他们自己的房子。在南京住了很长一段时间。巴鸿大嫂有一个女儿，有一个女婿，这个女婿是一个华侨，东南亚国家的一个华侨，也是黑发。他们非常懂事，没有势利眼，待我们很好。我跟巴鸿两个人，没有两个人单独出去过，玩玄武湖、中山陵，反正就玩这些地方，都是他们的子女带我们去。也照照相，也吃一些东西，就过了这么一个月，很少是我跟他两个人去的。

---

① 此处表述有问题，那时候口述人早已离开了北京电影制片厂，不再是“北影的导演”。

陈：巴鸿老师跟您去过您的家乡沙市？

李：你这个问题问得很有意思。我们不是土改吗，不是要经过湖北？那个时候，家已经不在沙市了，我的妈妈、姐姐、姐夫都搬到汉口了。他要路过汉口，我就说，你去看看他们吧。

陈：那是50年代初期的时候？

李：去看了。后来他就跟我说，我真是感谢你们家里。我说怎么了？因为我去吧，炒了两个肉丝菜又怎么的。女婿上门，才炒了带肉丝的菜，不得了了。

陈：我没听明白，他是说招待得不够好，还是招待得很好？

李：招待得太不好了。就说：你们家怎么这样？——我再给你说个笑话，1996年我们回香港看看儿子，他的妹妹就招待我吃饭——因为你说到吃，说到家庭接待，我就连着一起说，强烈的对比——上了一碗汤，我一吃这粉丝真好吃，当时他妹妹坐在我旁边，就拽着我的衣服。我就说，这真的比我做的粉丝好吃多了，我还接着说，那没有办法，大家哄堂大笑。后来他们说，这不是粉丝，是鱼翅。在我印象当中，鱼翅是皇帝吃的东西，我今天竟然也吃到鱼翅了！这句话，就成为他们家相聚时候的一个笑谈："怎么样，露玲，要不要来点粉丝？"这是一个插曲。您问那个问题，我就再补充一点。在巴鸿没当右派以前，我在小西天[①]已经安家了，我已经跟你说，我有两间屋子，还有一个保姆，生活得很稳定。我就要接妈妈来北京跟我过，让她来北京玩玩，不是挺好吗？妈妈来了一看，原来煮汤的罐子也有，锅也有，炉灶也有，什么都有，床也有，桌子、柜子全有，就说你过得很好，我的心定了。

陈：什么意思？她认为您参加工作，这些东西没有吗？

李：她认为还是我在汉口的那个印象，是我从汉口回去的那个印象，不知道我这几年是怎么过的。她一看我这么好，心里踏实了一半，高兴。吃饭吧，今天吃这个，就说这个鱼是你姐姐最喜欢吃的；明天吃肉，就说这个肉也是你姐姐喜欢吃的；我头上戴个卡子，我妈说，你姐姐最喜

---

① 小西天，在北京市海淀区文慧园路，当年有北京电影制片厂宿舍。

欢这个卡子。我心里知道了，这个做母亲的心里，觉得我现在不需要关心，她需要关心的是姐姐，多少年跟她习惯了，她觉得她比我更困难，她更需要照顾，我现在不需要她照顾了。在这种情况之下，送她回去了。

陈：再说 1972 年，您和巴鸿老师去汉口看您妈妈。

李：我去汉口，巴鸿才不会去的。后来我去汉口，那个时候，我们这一家，我的母亲跟姐姐、姐夫，他们已经发配到农村去了。我居然还找到了那个村子，在家里住了一阵子。说起来，都是一些很辛酸的事情。这么几个人，就盖一条被，生活是非常困难的。因为我回去了，知道我爱吃鱼，附近的邻居送了一条鱼，做的这么一条鱼。我就给他们买被子、床单，给我姐姐的孩子买一点衣服。做了这些，我就回来了，我的母亲大概也就在那里去世了。

陈：您刚才提到巴鸿老师才不会去，这个怎么讲？

李：我也不会约他去。他去那能习惯吗？上我家里去一次，给他炒了一个肉丝就当着笑话说，我还能够让他去吗？我也是有自尊心的一个人。

我再给你补充一句，我跟巴鸿之所以维持下来，我觉得一个人不能落井下石，这是我唯一的思想。这一下，是唤醒 20 年前对巴鸿的记忆，我还要接着说。我回来了，谢铁骊和陈怀皑他们已经在拍电影《知音》了，知道巴鸿回来了，谢铁骊主动找巴鸿[①]。我就觉得谢铁骊了不起，不是落井下石，是将井底下一个人拽了一把，拽上来了，而且不是扔下一根绳子让他自己爬，是坐电梯上来的。我打一个比喻吧，巴鸿正在吃粉条呢，怎么一下就便成了鱼翅了。因此我说，这个谢铁骊有宽大的政治胸怀。

你巴鸿参加这个剧本讨论了吗？没有参加。人家已经工作了，竟然提到你巴鸿这个名字，影响之大，这种政治气魄，我觉得非政治家做不到的。谢铁骊算是我们电影界的顶尖人物了，排这么一个大戏，竟然也给你巴鸿填上一个名字，够意思了。如果没有这样的政治气度，能行吗？

---

① 指让巴鸿与谢铁骊、陈怀皑联合导演电影《知音》的事。

我想是做不到的。朋友之间评论，谢铁骊够义气，所以有政治气概。后来巴鸿病了两年，谢铁骊还在北影拍戏，当时他非常忙，没有来看过巴鸿，我不怨他。

陈：下一个问题，您和巴鸿老师80年代曾经去拜访过夏衍？

李：我不是把这个照片给你看了吗？

陈：对，照片给我看了，我希望您谈谈拜访夏衍的过程、细节。

李：不记得了，太不记得了。就是要我去看夏衍。我现在还记得什么？他那个时候已经坐在轮椅上面了，我们说一些祝福他的话，夏衍说了一句："你们不要再说，要我再长寿了，我现在已经很长寿了。"

陈：那时候夏公已经85岁了。

李：我现在已经好长寿了，你们还要祝我长寿，这句话我记得。

陈：去看夏衍的缘由是什么？为什么要去他家？

李：就是要看看夏衍同志。

陈：就是看看，拜访？我在一篇文章当中看到，好像夏公提到，巴鸿立过大功，是那一次吗？您记得吗？巴鸿老师当年曾经被派到东北去，立过大功，这个事跟夏衍有关，是吧？

李：这个不仅是他说的问题。我们从回来，转成工资制，转到北影来以后，人事处首先就告诉我们，你们俩人，夏公已经交代了，是离休，你们享受离休待遇，夏公已经关照过了。①

陈：夏衍是什么时候说这话的？

李：就是我们从……

陈：从华南到北京以后？

李：不是从华南回来。

陈：那就是80年代回来？

李：反正在演员剧团的时候，演员剧团的人事科。

陈：演员剧团的人事科，那是1953年前后，1953年就这样说了？

李：说是你们二位，夏公已经关照过了，你们是老革命，是应该得

---

① 此处记忆和表述有问题，实行工资制是在20世纪50年代，离休之说是在80年代，二者不可能是同一个话题。待考。

到离休的待遇。[1]后来巴鸿去世了。当时我就跟老干部处说，我说巴鸿生前跟我说了，他死了之后，不做任何仪式，任何都不用，只是给他火化就完了。我把这个意思告诉老干部处，就出了这么一个通知，就是说巴鸿已经去世了，按照他生前的夙愿，不做任何仪式，于几月几日火化。这么一个讣告出去以后，万万没有想到，老干部给我来电话了，说李露玲同志，我们接到好多电话，说是不让我们最后见巴鸿一次，我们不允许。有人亲自到我们这里来，说我们一定要最后看巴鸿同志一眼，你的意思怎么样？我说既然是这样的话，那当然可以，就这样吧。我说就这样，不要去八宝山了，为什么呢？一个原因是路途遥远，都是上了岁数的人了，另一个原因是还要组织出车，我觉得太麻烦了，我说他现在的遗体就在二炮医院[2]，借他们一个小礼堂，开一个告别仪式吧。就在那里举行了一个告别仪式，那天去的人真是很多，我真的很为巴鸿高兴。我觉得，我们已经出了讣告，不做任何仪式，居然有人这样要求，我说巴鸿你值，你的为人得到人们的认同。我很高兴。那天来了不少人，最后谢铁骊同志来了，我们电影界的这么一个顶尖人物，居然来跟巴鸿告别一下，真叫我心里感动，把巴鸿的身价抬高了。而谢铁骊本身的这种政治影响，出于我们的想象之外，因此我说他是政治家。这是他的政治方面；业务方面，他是得大奖的。八个样板戏，他拍了多一半，难道不是艺术家吗？我说他既是政治家，也是艺术家，我将永远学习和记忆。

差不多了，巴鸿，安息吧！

---

① 巴鸿、李露玲夫妇看望夏衍事，是后面说的，编纂时调整至此。

② 指中国人民解放军第二炮兵总医院，地址在北京新街口外大街。

关于大女儿和她父亲

陈：请谈谈您的大女儿，好吗？

李：好，那我就接着说。昨天我说姚牧的情况，跟我分手了。分手以后，他不是跟学校的那个女孩子好吗？但是他们并没有得到圆满的结果。因为什么呢？因为那个女孩子的家庭非常富有，是家里唯一的这么一个掌上明珠，只不过让他训练一下，怎么说呢？让她更完美，如果能唱歌更好。这么好的一个女孩子，前途不更好吗？听说她跟姚牧好，她们家里就非常生气，怎么能嫁给这么一个穷老师？绝对禁止他们往来。到了这样的程度。姚牧只好跟她分手了。

“文化大革命”期间有一次有一个人要了解姚牧的事情，来访问我。问我认不认识一个姓熊的，我说我这一辈子朋友里头没有姓熊的，你们找错人了，我不认识这个人。姚牧你认识吧？我说那当然，我曾是他的夫人，我说对他后来的情况一概不知。所以这个夫人，我是这么了解的，我就知道他跟那个没有了，跟这个结婚了。后来我的女儿就回来了——哪一年我也不记得了——她就告诉我，妈妈，爸爸有三个女儿在北京。我说是吗？她说我们一直都有联系的。我说你们处得好吗？她说我们处得挺好的。我说那挺好，我说你把她们都找来吧，找来家里，我请她们吃顿饭。我说你就邀请她们。她就去说了。她们听了之后，觉得很奇怪，说你妈妈她怎么这么开通？能够叫我们来吃饭？她不生气吗？我的大女儿说，我妈妈不生气，妈妈说很高兴叫你们来。由于这个，我才知道姚牧是连续娶了三位妻子，各自留下一个孩子。我心里对姚牧确实有一个结论，我觉得这个人太不能抑制自己的感情。怎么可以这样？对自己的孩子，你负责任吗？你是爸爸，大孩子你不管了，有我。那几个人的妈妈怎么样了呢？几个孩子是什么情况呢？当时我心里真的就是想这个。

陈：姚牧老师解放以后，一直在上海？

李：在上海。我不是说了吗？他是在上海广播电台音乐组的负责人。最后的结局我就不知道了，反正听我大女儿说爸爸去世了。具体时间我都不记得了，肯定是在“文化大革命”以后。[①] 姚牧对大女儿，任何责任都没有尽过。

大女儿被高元礼带走了。后来我就写信，我也没有详细的地址，只是听说他在四川泸州，我就想四川泸州什么团体转吧，没有什么回信。到了 1958 年，巴鸿已经去劳改了，我接到一封信，是我大女儿的，说高元礼被划成了地主，而且到了监牢，死了。女儿就跟他的妹妹在一起生活。后来姑姑也死了。她那个时候还在读初中，就去找高家的人，高家的人就说了，你以为你是我们高家的人？不是！他们就把她的身世一切都告诉她了，说至于你爸爸在哪里，我们不知道；但是你妈妈我们知道，我们在报纸上、杂志上见过她的消息，你只要写一封信到北京中央电影局，你的妈妈肯定能收到。我的大女儿就写了这么一封信，把她这一切经过告诉我了。这封信我当然能收到，电影局一下就转到我手里了。从那个时候起，我就负责我大女儿的生活，每个月给她寄二十块钱。我就请求演员剧团——杜粹远那个时候当团长——我就把这一切告诉她，希望她能够帮助我把大女儿调到北京来。她说露玲，这件事情我真是难以给你办到，一个人调北京谈何容易！你慢慢等机会吧。没有完全拒绝。到了 1961 年，刚刚过完春节，杜粹远就告诉我，露玲，机会来了，现在东北要发展文艺，缺乏文艺干部，要中央给予支援，他们要你去，我们答应他们的要求，就告诉东北，你有两个孩子，户口可以随着你到东北了。我女儿就是这种情况下先到北京，然后随我去了东北。她来北京，她告诉我坐哪趟车，妈妈你去车站接我。这个血缘关系，我觉得太神了，到了北京车站，我知道在哪个车厢，下来一个女孩子，我认定就是她。她也认定就是我。果然就是。

我这个人是这样的，我还告诉姚牧，我说现在大女儿来了，你想不想见面？姚牧说愿意见面。我叫大女儿去找姚牧，那个时候他在北京。

---

① 此处口述人记忆有误，姚牧是1965年去世的，那时“文化大革命”尚未开始。

我女儿要去见他，女儿也不认识他，非要我去。我带着我女儿去看过一次姚牧。这次见到姚牧的印象，我觉得姚牧怎么狼狈成这个样子？你这么大的女儿第一次见面，我还去了，你留我们吃饭，总要有点像样的菜吧？出于我的意料之外，粗茶淡饭都不够。

陈：那是三年困难时期，一家人粮食都要分着吃啊。

李：我知道。我就告诉你，我们曾经见过一次面，他的女儿跟他也见过这么一次面。后来他们有没有联系过，我也不问，我也不想知道。

陈：您的女儿跟您去东北，后来的成长经历如何？①

李：可以。你先听哪一个？先听姐姐。那我已经说了，这一点我非常感激组织，是白居办的好事，肯定是白居管的，我非常感谢她。给我大女儿安排在辽宁大学附中的高中，沈阳最好的学校，没有比它更好的，去了就在那里上学。我儿子上的是十一中，也是沈阳最好的初中。那个中学那个时候已经有英文了，我儿子的英文就是从那一天开始。这三年上学阶段还是很平安的，没有什么。我女儿去东北，最不习惯的一点，她是在四川长大的，没有辣椒不能吃饭的。没有大米，没有辣椒，对于她来说简直无法生活。东北那个时候吃不上大米，很难得吃这么一次，吃米不吃米？吃米，高粱米。这个生活对于我女儿来讲是非常不习惯的。家庭生活来说，虽然是亲生母亲，没有什么可以怀疑的，但是总不如带她大的人。那个人是当会计的，哪里像我搞文艺。她 16 岁，我才接触，我们彼此都不是很习惯。还有我的儿子在。什么时候姐弟俩发生矛盾了，我就会对她说，你是大一点的，你是姐姐，你让着弟弟一点。应该为我大女儿鸣一点不平，她多少要受些委屈。

从我的情感上来讲，我总是偏向于儿子一点。为什么？因为自从巴鸿当了右派以后，我儿子没有过过一天好日子。我已经跟你说过了，哭着回来了，是“小反革命”，是“小右派”。这些我女儿没有经受过，她的童年是非常幸福的，因为那个家庭很富有，只有她这么一个宝贝女儿，掌上明珠一般。从心情来讲，是更同情我的儿子一些。有正常的情况，也有这样的内因，是这样的。

---

① 从这里到本章结束，是后面采访时说的，编纂时调整至此。

陈：对此大女儿有意见吗？

李：她从来没有正面给我提过意见。

陈：她回到您身边以后，您有没有想到给她改姓？

李：为高宝寻改名字，为我儿子出生香港，这两个问题，我在沈阳没有少做斗争。前些日子，我就告诉我儿子，我有这么一次采访，儿子还告诉我，妈妈你别忘了那个王志芳。我说怎么了？他那个时候就是不肯给我改出生地点，就是不肯给姐姐改姓，你别忘了说这个。王志芳是当时我们儿艺搞人事的。

陈：为什么要给李道明改出生地点？

李：我的意思是说，李道明生下来是我带的，回来以后也都是我带的，1957 年他的爸爸出事以后，一直跟着我。我说应当改成出生在北京，因为他一岁已经回到北京了，就希望改这个出生地点，可是死活就改不了。就因为改不了，后来我儿子回香港，容易得不得了，这是一个。

高宝寻也是这样。我的女儿改成姓李，那也是不可能的事情。不是不争取，我曾经非常努力地争取过，改不过来。读三年书的时候，任何事情也没有发生，我这点工资也是够的，平常的生活还是可以的。三年以后，1964 年，毛主席号召上山下乡，他们那一班同学一个不留，全部下去。他们下去搞什么呢？他们全班同学自己选的，在沈阳附近的一个县，要去开辟一个苹果园。这不是很好的事情吗？我觉得我女儿也应该去。女儿告诉我，妈妈我不去，这样的话我就永远留在东北了，我不喜欢东北，我要回南方，你一定要把我送回南方去。我说现在把你送回南方，送回哪儿去呢？

这个时候又有一个小小的插曲，就是巴鸿妹妹曾经有一个保姆，这个保姆一直是跟着巴鸿的妹妹。这个保姆是浙江南浔[1] 一带的人，她就说她的家乡怎么好，鱼米之乡，丝绸之府，生活如何好。平常说说也就这么说了，我知道这给我的女儿留下了非常深刻的印象。我女儿就说，你给我写一封信到浙江南浔吧，你就说我想到那里去插队，他们要不要？如果他们要的话，我就去；实在不要的话，那我只好跟他们去苹果园

① 南浔镇，原属浙江省吴兴县，今属浙江湖州市南浔区。

了。我就写了一封信寄去了，没有想到那公社回了一封信，热烈欢迎！我女儿一看，高兴至极，拿着这封信就走了，到浙江插队落户。下去之后，就是一般的劳动，也就是种种大米。而且她有点文化，是高中毕业的，那儿有几个高中毕业的？就这么一个。去了之后就当什么？当他们大队的会计。后来也不叫她当会计了，就叫她教书，还不是教小学，而是教中学。我女儿也教过语文，也教过算术，也教过政治，这些课她都带过。后来是班主任，我女儿一直就在这个中学当班主任。当时只不过就是，你说的那个什么乡的那种教员。[1] 后来那个中学被国家承认了，算是国家承认的这么一个教育单位，因此所有工作人员受到了国家教师的待遇，现在我女儿是国家退休教师，她现在每个月的退休金也有两千块钱。他们退休了后给他们什么样的酬劳呢？一个人一百多平方米的一块土地，你自己去盖房子。白给的，你自己去盖房子，他不管。我女儿下乡以后不是当大队会计吗？当时他们叫青年队，就一帮农民，她是青年队的队长，我的女婿长得非常帅，非常漂亮，而且家庭出身都还可以，也是贫农，就喜欢上我的女儿了。下去以后不断来信，后来接到一封信，景致写得这个美，水里头又是鸭子又是鸳鸯什么的。我说女儿有事吧？我就敏感到，说这些干什么？对，恋爱了。第二封信就告诉我，妈妈，我要结婚了。我当然没有什么话可说。所以我说“文化大革命”与她一点关系都没有。我从思想上很高兴，我说这总算好了，跟我们彻底划清界限了，再也没有什么反革命家庭、什么资产阶级这一套，我很高兴。那个时候，按照我的能力，做了一件浅绿色布的衣服，一条裤子，寄了五十块钱，我女儿要结婚，我就这样打发了。

她结婚的第二年，我就去了。一去以后，我是满意到顶点。这个女婿为人之好，特别善良，特别忠厚老实。他们家里也种一点大米，主要是养蚕，他那个养蚕的屋子比我现在这个屋子，不大两倍，也大一倍半，在楼下。他们家还是两层楼房。这么大的簸箕都是蚕，他们没有田，有桑树。他们在南浔，湖州市离他们那儿很近的。我小时候在家里也养过蚕，那只不过就是这么一点小东西，养几条，吐点丝，小孩儿抓着玩。没有想

① 指的是乡村中学民办教师，很长时间都不在国家正式教师编制之内。

到能够看到这么大量的养蚕，所以我对我女儿的婚事，对于我女婿，对她现在所处的环境，我真的都很满意。那生活，说老实话，比我还好。她生了两个女儿。她结婚第二年，第一次去了她家以后，我每年必须到她们家里去一次，我非常愿意去。我这个女婿好到什么程度？知道我爱吃鱼，一早，天蒙蒙亮起来，他们家里旁边就是一条河，新鲜鱼抓起来了，洗好了，挂在那里。还上镇上去，干什么呢？我非常喜欢吃那个内脏，什么腰子，什么肝，这些东西，买回来了，洗好了，切好了，都给你准备好了。还有一件事情我喜欢在哪儿？到她家里去不喝水，一地的西瓜和香瓜，随便吃。我还喜欢吃甘蔗，他们那里也种甘蔗，我觉得比城市美透了，所以我每年去一次。我女儿应该说生活是很幸福的。现在女婿也在，还在养蚕。后来他们就把这三层房子都卖掉了，因为他们二女儿嫌三层房子不够了，她二女婿一年的工资不下十万，你想想，他们过的是什么日子？他们嫌三层楼不够用了。他们把这个房子卖了，我女儿拿着一笔钱，在南浔镇上买了三室一厅。反正第二层全是他的，是三室一厅，冷暖设备都是电的，生活得很好。

那个时候有一阵风，农村的非常想来城市落户。大外孙女初中毕业，我说我也挺喜欢她的，我说我把她调到北京来吧。她的运气挺好，正好我们北影办个高中班，那还不好？我就叫她上这个高中班。在我外孙女的思想当中，说高中毕业就行了。我有一个思想，我觉得我女儿我也没有好好培养，我儿子也没有办法培养，我当时没有能力。现在有这么好的条件，怎么高中就结束？继续上学，没有别的话说。就上大专，专学会计的，上了三年大专。她的运气好在哪里呢？正好她毕业以后，香港来了一个亲戚来看巴鸿，是巴鸿的一个晚辈，巴鸿说你来干吗？他说香港要在大陆成立一个联合房地产公司，香港那一方面代表是我。巴鸿就说那正好，我外孙女是学会计的，你要不要？那不正好吗？我正好想自己人当会计。因此我这个外孙女就进了这个公司。我外孙女现在在房地产公司已经是副经理了。因为是内地与香港合资的公司，他们每年有一次假期，假期是出去旅游，我外孙女全世界走遍了。这是我大女儿一家，说完了。

谈儿子李道明

陈：请说说您儿子李道明的成长经历。

李：是，那就跟她[1] 差得太远。你看，他读小学的时候，巴鸿就成右派了，总是被小朋友打回来，骂他是“小右派”“小反革命”。要我解释，我能说什么？陈墨同志，我只能说，那是大人的事，他们小孩儿不懂事，反正就是解劝。那个时候我只有一种心态，我赶快离开北京吧，这里不适于孩子待，我只有这么一个心愿。也就是 1961 年，刚刚过完春节的第三天还是第四天，我就带着孩子去东北了。我跟你说了，安排在沈阳十一中学英文。我后来到农村，因为打冰球，他没有去。

他初中毕业了，考高中。考完以后，有人就来告诉我，李导演，李道明考的成绩很好，我们都看到了，那个分数都是九十几的，你放心吧，肯定录取。我就等着，结果是政审不合格，不予录取。那怎么办呢？我不能让年轻人就这么待着，他也不能随我下乡，我怎么办呢？我当时在沈阳还算可以，找到沈阳电子元件二厂，我就让他去学电工了。他学电工也不错，比方说家里什么灯坏了，都可以修理的。几年之后，我希望他转正，又是政审不合格。

这个阶段，我记得我是到了朝阳。突然接到一个通知，李露玲，你儿子李道明因犯了错误，已被判刑入狱，限你三天之内来把你的家搬走，这个房子不再属于你了，就是这一类的内容。当时接到那封信以后，我真是都无语了，不知道是怎么回事。怎么办呢？我得去。我就到了沈阳，

---

① 是指口述人的大女儿，李道明的姐姐。

首先我就去探监。我觉得我这个人也挺有意思的，本身没有出过任何问题，劳动农场我去过了，监狱我还得去，去探监。监狱的人跟你说话，哪能这么跟你说话？他说你来了？你是李露玲吗？你就是谁谁谁的母亲？就是这样的口气。坐这儿，等会儿！跟着我走，这边！走了很长的路，走进去了，比这个桌子宽一点，一长条，坐的不是我一个，我一看，旁边都有人。完了里头两个人，带着李道明，穿着他们监狱的服装，从里头走出来，就像你这样坐在我对面。“行了，李道明，你妈妈来看你了，有话好好说，只有五分钟，捡要紧的说！”很短的时间。我就问他是怎么回事？他说妈妈你不是走了吗？我不是没有考取高中吗？你不是给我买了半导体，好让我学习？你不是也知道我交了一个女朋友吗？那个女朋友当时是一个高干的女儿，她父亲是部队方面的。我们俩人非常好，我把我在半导体里听到的都告诉她了。“文化大革命”开始了，女朋友把什么事情都说了：怎么偷听美国之音，一五一十全部交代了。儿子说：“逮捕我以前，开了一个万人斗争大会，说我偷听美国之音，散布反党反社会主义的流言蜚语，还说我猥亵女孩子，就以这样的名义逮捕我。”我说判刑多少年呢？反正比 7 年要多得多的这么一个年数。我说你现在有什么需要吗？他说我现在什么都没有，也不知道应该带什么，我洗脸用具都没有。我就给他买，从脸盆买起，所有的洗脸用具，身上所缺的衣服、鞋子、袜子，反正就这么一套。我说你还要什么呢？他说妈妈，我现在老睡不着觉。我也知道他睡不着觉。我说你在这里做什么劳动呢？他说其实劳动我并没有做什么，一个电器方面，有什么需要我的，是我的事，最主要的还是叫我翻译。他说反正我不断做着事，没有什么重的体力劳动给我。我后来就按期给他送安定[①]。后来我儿子告诉我，妈妈，这个药，他们并不给我。他说我实在有时候睡不着，白天顶不住了，晚上也许给我一片，并没有像你说的，你按期送给我多少，我没有收到过。

他到 1981 年才回到北京。巴鸿回来了。1981 年他也平了反。平反的内容是什么呢？就是他是偷听美国之音，但是他没有宣扬，没有散播。

① 安定，即地西泮，具有镇静、抗惊厥等作用，也用作安眠药。

而且跟那个女孩子，不是说去侮辱她怎么样，是正常恋爱，不应该算一条罪行。就这么简单平反了。在监狱里蹲了7年，整整7年。他是1949年出生的，32岁了。平反以后，问我们的意见，把他留在沈阳还是送回北京？我们说当然送回北京。父子、母子见面时并没有什么抱头痛哭，没有。什么都没有。回来了，挺好的，还有公安局的人在，那当然是好好地接待人家。从此以后，小鸿①就在家了。

回来之后，怎么办呢？得把他安排，老待在家里怎么行？当时北影有一个技术科，我就跟技术科的人去商量，我的儿子会什么，可不可以在你们这里试一试呢？他说这样的话，我们只能把他作为一个临时工，那就在这里试试，工资一个月只能有31块钱。我说只要他有工作做，让他不待着就已经挺好了，就让他在技术科待着。在技术科待着，应当说是帮助他们解决了大问题，因为他们正需要一个懂外文的人，技术科也有很多机械方面来往的东西，都是外文。他已经到什么样的程度？比方说汪洋今天要看一个美国来的片子，上哪儿找翻译去？叫李道明来试试。我儿子也没有看过片子，可以从头到尾一字不落，现场翻译。做这些事情我并不知道，看片子我也没有资格去看，但是别人去看，是别人来告诉我，李露玲，你儿子真棒，这个片子从来没有看过，他翻译得这么好，我们都很满意！后来又发展到什么程度呢？比方说美国来了电影方面的一些人，谁陪同？李道明陪同。这是好的一方面。另一方面是技术科要开会了，李道明请你出去，我们技术科要开会了，你还不是我们技术科的正式成员，你不能参加。以前北影有一个地方是专门看电影的，每个礼拜有一次，参考片，只有北影正式职工才可以看的，这个电影小鸿难道不想看吗？当然也去了。但他们说，对不起，你不是正式职工，你没有看的资格。小鸿回来一声不吭，就坐在那儿，眼睛发直，发呆，有的时候就狂笑，狂笑不止——我倒叙一下，回来以后就是这种现象。

陈：您是说从监狱出来就有这种情况？

李：就是。一送回来以后，我就发现他有这样的现象。有的时候就

---

① 小鸿是李道明的乳名。

一直坐在那儿发呆，眼睛发直，也不说什么，完了就莫名其妙地狂笑。我觉得这个孩子不对。他自己也觉得不对：“妈妈，我自己管不住自己！”我就带他到医院，专门看精神病的，给他电疗了好长一个阶段，神经才慢慢地恢复到正常。严格来说，他到现在为止还有一点点的痕迹，并不是像我们常人一样。因为从小一直到他长大，受到类似的打击太多了，这孩子确实受到了很大的创伤。

我就说，你怎么办呢？技术科也不是安身之地。我那个时候就下决心了，我就觉得，在这个社会，是不适于他在这里安生的，我要把他送走，我必须把他送走，他不能在这里生活。我说小鸿，妈妈想送你回香港去，你在这里不合适。他说到香港去做什么呢？我说，做什么，我现在说不好，打工。他说去。说来也有一点运气，应该感谢于洋，于洋认识一个朋友，那个朋友是专管出口人员工作的一个局长，我没有记错的话，姓王，是一位女同志，她正好有一个去香港的名额，正好那个人还不能去，李道明就顶着这个名额。再一查出生登记——香港的资料工作真是不得了——当年是有这么一个人。小鸿就这么走了。是这个关系走的，并不是巴鸿姐姐的关系。但是我不能委屈巴鸿的姐姐，巴鸿当然告诉他的姐姐，小鸿好像是要来打搅什么的，去了之后，住在他姐姐[1]家。你想小鸿这么一个出身，这么一个生活经历，跟他姐姐那么一个大富豪的生活家庭能搁到一块吗？互相都不习惯，住了很短暂的一段时间，小鸿就搬出来了。小鸿就说，我找到工作了，不在姑姑家里住了，我出来了。

他开始找到的是一个牙科诊所，帮他们开门以前打扫卫生，中午做牙科诊疗的时候，需要他递点这、递点那什么的。到了晚上，他把这个都收拾好了，就在地下铺一个席子睡觉，这样的生活过了几年。后来我们知道了，觉得这样的生活也不是长久之计，我们去香港看看，我跟巴鸿两个人就到香港了，一看小鸿确实是在过这样的生活，那怎么可以呢？我们就在一个普通居民区找了一个房子，这个房子是 8 层楼，没有电梯。这个房子是在顶上面一层，第 8 层，有多少平方米呢？ 22 平方米。别看

① 指的是巴鸿的姐姐，李道明的姑姑。

只有22平方米，有卧室，有一个小小的客厅，还有小厨房，还有一个洗手间，洗手间有一个莲蓬头，可以冲凉。如果我没有记错的话，要26万港币。我就把我跟巴鸿俩人所有存款，记得差不多有10万左右——这个存款是怎么来的呢？我们发完工资，就攒一笔人民币，他大姐每年要回南京，就跟她换点外币；他大姐还每年给点外币，攒了这么多钱，拿来了——但是离26万这个数字还差得远。那就只好向他两位姐姐去借，反正是这么凑合着，把房子买下来了。从此以后，道明的生活翻了一个身，他自己有一个固定的居所。我现在还记得，他姑姑当然不能去了，姑姑的保姆到那里去看一看。

陈：为什么说他姑姑不能去？这是她外甥，不是吗？

李：她能爬8层楼吗？人家保姆去看看就行了。小鸿对那个保姆就说，你看，我现在直接睡床了，你看我也有被子，我这儿还有一个厅，我以后自己要买一套椅子。高兴得简直是不得了，兴奋极了。这是小鸿到了香港以后，生活第一次这么一个拐弯。后来他说我老这么去打这些散工，也不是办法。小鸿的语言能力大概还有一点，一口的广东话已经没有问题了，他的日语也很好，也都是自学的，也就是学英语的同时，都是收音机里边学来的。他说我能不能开一个为外国人学中文的班呢？我要开那么一个班，如果有人来学习，是不是我就可以有工作做了？他就开了这么一个班。结果真来了一二十人，都是国外的，想学中文，学费当然是足够他生活的。就在此期间，又认识了儿媳，从此他们俩就好了。他们怎么恋爱的，怎么结婚的，都没有跟我们说。他们俩结婚了，寄来一个结婚照片，我才知道他们结婚了。他结婚都40岁了。儿媳是一个德国女孩子，非常朴实，德国有一个公司在香港开了一个分公司，就委派我儿媳在分公司负责，所以我这个儿媳每个月是有固定工资的。我儿子靠什么生活呢？靠搞设计，是关于电子这一方面的。他给我举例，我盖这个房子，你看我需要多少灯？往哪个地方安灯好？这一类的设计，设计大一点收入多一点，设计小一点收入少一点。

陈：中文班没继续办了，是吗？

李：不办了。结束了。就搞设计工作。而且在此期间，他又发明了一个电子通讯方面的东西。我儿子除了没有去美国，全世界走遍了。他说到国外去申请很困难，我还是回内地来吧，不管怎么地，我还是内地人，爸爸妈妈也在那里。他发明的时候，想用巴鸿的名义，因为他是香港的身份，怕自己不通过。开始他想用巴鸿、李露玲，我说我不介入，我从来不介入这个，我也不懂。专利确实被国家专利局批准了。我觉得我们不会留用人才，真的。从专利申请以后，每年的专利费要分给专利局的，这一笔数字还是不小的。钓鱼台的宴会他也参加过，人民大会堂的大会不止去过一次，是什么会呢？全世界要来找寻专利的，包括国内的厂家，这样的会都参加过。但是就没有人来选中他一个。英国、美国有这样的专利，我们国家任何表示都没有，到现在为止这个专利不了了之。

他们两个人不要孩子，觉得有孩子太费心，太浪费他们的时间。所以我到现在为止，只有外孙女。我想得通，我没有要传宗接代这些想法。巴鸿也没有。这就是我儿子的生活。

晚年生活：方方面面

陈：您参加老干部合唱团，有哪些难忘的事？

李：对我来说没有什么。你看到，后来我怎么就不参加了呢？后来北影就不是北影了，是集团公司①，来参加的人不仅仅是北影的，发行的，从哪儿来的，只要是集团的成员都可以来参加。换句话说，我都不太认识的，我就兴趣不大了。

陈：最初参加是在什么时候？合唱团是在什么情况下成立的？

李：哪一年成立的？这些我真是不记得了。我记得的是，现在说集团，那个时候就是电影的团体，比方说有发行公司，有器材公司，这公司、那公司的，我们每年都有一次比赛，合唱团的比赛。没有一次我们这个团不得奖的。你不是说看见我们都有固定的服装什么的？这个我绝对都去参加的。我在那个团被称为唱低音的主力军。

陈：您是低音的？您不是女中音吗？

李：是，我们这里只有高音和低音，没有那么完整的大合唱团，只不过是一个业余合唱团。吴素琴的先生李万里，曾经担任过我们的指挥。我们那个时候，是每个礼拜一定要合唱两次。我觉得，对于我们来讲，一个是老干部有一个团聚的机会；另外一个，从精神上，是一种很好的调剂。还是一个大家庭，还没有散掉。我们还能够做一点事情，还能唱歌，也是一种很有益的活动。

---

① 指中国电影集团公司，含原北京电影制片厂、中国电影发行放映公司、中国电影器材公司、中国电影合拍公司等多个部门。

陈：参加合唱团，也得要选拔吧？

李：那当然。我们不是一开始就唱歌，开始有发音练习，我们还请人来弹钢琴的，那个弹钢琴的人要付报酬的。

陈：报酬谁出呢？是老干部处出呢，还是大家凑钱呢？

李：不要我们凑钱。反正不让我们个人出。

陈：您不参加合唱团活动有多长时间？有好几年了？

李：已经好几年。到现在为止，这个合唱团还在，杜粹远还在参加，这个是值得我学习的。老人只有他一个。

陈：您是在十年前就查出了癌症？

李：我这个乳房切掉了。我不是老跟你说，我这个人是二百五吗？在南方，尤其在香港这一带地方生活，你知道，洗澡的习惯是改不了的。对我来讲，是少不了的，顶多隔两三天，不洗澡我就不行了。给自己弄一个地方去洗，怎么我洗身上，发现有硬块。这个知识我有，说是有硬块就不行了。后来跟周围的这些女同志就说，有硬块了，她们问，你那乳头有没有点瘪，还是跟原来一样？我说我没有注意。说你再回去观察一下。我一看，真是都瘪下去了。原来这么严重，你还不知道？是癌。说你赶快去检查。要我去哪里检查呢？现在叫北大医院，直接到那儿去。到那儿去做一个什么检查呢？我现在忘了，反正一检查就可以检查出来。我说好吧，我去检查。检查出来说，是可能有问题。

陈：大夫是直接告诉您本人，还是告诉您家属？

李：你以为巴鸿陪我去？没有。我自己去的。大夫说是我们要进一步检查，怀疑你是有问题的。我说那行，那就进一步检查。从此我就住院了，就住在北医大。住院之后，当时那个大夫，给我动手术的这个大夫，后来成了肿瘤医院的院长，他说现在仅仅是怀疑，不能肯定，我们还是先拿一点出来，切片检查。切片检查手术非常有意思——这是我多少年以前经常回忆的，后来已经有别的一些病症，就把这个事情给忘了——大夫动手术的时候，就跟我聊天，问我这儿问我那儿，也知道我是香港来的，也知道我是演《白毛女》的，跟我说这些。而且在手术台上，我记得很清楚，我躺在那儿，有一面镜子，我完全可以看到我自己的。不是看着手术，而是看着我的脸。我自己就看着我的脸，这个大夫就非常友好地跟我聊天。我后来就说，我说你别跟我聊天了，你给我做手术好不好？他就乐了：我都给你做完了。他说我们去化验，你等几天，完了把结果告诉你。我就在医院待着。病房里全是这种病人。大概等到三天，最低限度是三天，那个大夫高高兴兴地跑来了，我告诉你，不是癌症，是良性的，没事了，你可以回家了。我就这样回来了，没事了。这是1980年。

2000年这次，也是洗澡，又有硬块。这次我就没有去北大医院，我就去北医三院。现在还记得，一个姓詹的女大夫，首先是她看的。她只是负责确定你是癌不是癌，经她一摸就知道，她一摸就说："你是癌，你赶快住院。"

陈：她直接告诉您，没有通过任何切片检查？

李：没有。这个詹大夫不知道现在退下来没有？那个时候已经是专家了。她就这么跟我说，是癌，说你住院吧。那就住院。这次是真的，又动手术了。这次动手术是三院。给我动手术的是院长夫人，医院里的一把刀平常一般人很难得到一把刀亲自手术，我为什么这么幸运呢？不是我的关系，是巴鸿有一个亲戚，叫王文学，他是一个专家。我住院了，当然就跟他打声招呼，就请这个女大夫来给我动的手术。这个女大夫没有怎么聊天，就是做手术。做完手术后她就说，现在只是一个小手术，我们现在拿去化验，你在这个床上要等半个小时。如果回来，你是良性的，我们今天手术就结束了；如果是恶性的，我要告诉你，那就是大手术了，你害怕吗？我说我不害怕。你可以等吗？我说可以等。等了半个小时，回来了，她说很对不起你，我要动大手术了。我说你动大手术就动吧。

就在这期间，我还要说，郭维同志带着闫争、巴鸿，他们三个人在外面。这个时候郭维说："露玲，你不要害怕，闫争她也是动过这个手术的，一点事也没有。"闫争也插嘴了："没事，露玲，一点都不害怕，不疼的，没事的。"他们跟我说这些话，好像更增加一点我的勇气。后来就动大手术，我就完全不知道了。全身麻醉了，乳房整个都切掉。一个很大的手术，这个我记得很清楚，出来之后，就这么躺着，没有枕头的，一滴水都不准进，六个小时。这个时间是非常难熬的。手术完了之后，谁在呢？我的大女儿在。巴鸿没有陪过我一夜。

陈：您有乳腺癌的知识是吧？心理压力是不是要小一点？

李：切掉就没事了。我的医学常识比较多，因为我不是这个病，就是那个病，我是这么一个人。女同志乳腺癌跟子宫癌，一点问题也没有，拿掉就完事了。男同志肠癌也是没有问题的。这个印象我是有的，觉得没有什么。心理压力并不是很大，几乎没有什么。

陈：您健康、长寿的秘诀是什么？

李：长寿的秘诀是什么呢？我真是很难说。我没有把它当成不得了一件事情。我不仅是这件事情，任何一件事情，问题来了，不要抱怨这个抱怨那个，客观存在。对问题，我尽到我的能力。解决问题也是，我尽到我的能力100%，解决了更好，解决不了，我问心无愧，因为我已经尽到我的全力了。看病也是这样，乳腺癌应该怎样治疗，已经都做了，能好当然好，不好那也无可抱怨。这个我非常感谢姚牧，非常感谢他。

陈：感谢他让您锻炼坚强意志？

李：是这样。我经过的事情，何止一个乳腺癌呢？

陈：还有呢？锻炼、饮食、作息时间，有什么特别的吗？

李：这个对我来讲，是人人佩服的，没有哪一个能够像李露玲这么坚持练气功，说是打太极拳也好，那绝对是到时间就在那儿，对面的广场，一直是我在那里打太极拳，没有问题的。坚持了多少年？后来发现我全身骨质疏松，这个腿不能够坚持到我打太极拳的这么长的时间为止。大夫告诉我，你再这样，你的两条腿承受不了，你的太极拳停止吧。在这以后，我又学了一种功，一直坚持到今天为止，会继续到我走的那一天。其中包括“六字诀”①。

陈：“六字诀”跟别的气功有什么不一样？

李：当然不一样。比如说做“嘘”，气如何配合，动作如何配合，那都是一套。做“六字诀”我确实觉得见效，绝对是“六字诀”的功劳。

作息时间我非常有规律的。早上我一定是在七点或者在七点半左右

---

①“六字诀”，气功的一种，包括“嘘、呵、呼、咽、吹、嘻”六字，原为静功，后有动静结合功法。

醒来，中午我睡得着也罢，睡不着也罢，我必须休息一下。晚上我九点半必须离开这个地方[①]，回到卧室之后，就做我的这一套气功，做完了以后，熄灯睡觉。现在我必须要吃一点安眠药，不然我每天怎么能够睡到六七个小时呢？

饮食方面，我最爱吃鱼，最不喜欢吃肉。需要蛋白的，增加一些蛋白，但是鱼对于我来说是不可缺少的，任何一种鱼。因为我从小家里很苦，住在长江边上，那种小鱼，就等于我们现在在北京吃咸菜一个意思。从小就吃这个鱼，我觉得对于我的脑神经是有帮助的。如果有两种食物，一个是我特别喜欢吃的，一个是我不喜欢吃的，我喜欢吃的那个没有营养，不喜欢吃的有营养，我肯定是挑不喜欢吃的。我再告诉你一个情况，我的身体检查，我全身各个器官都有一点问题，多多少少的。另外我再告诉你一个，我这个人从来没有什么嫉妒心理，从来没有报复心理。我刚才已经说过了，对于这件事情，我已经尽到我的全力就够了。

陈：您的小女儿在美国定居，但您和巴鸿老师居然从未去美国探亲？

李：我已经说过了，我的女儿也好，巴鸿的姐姐也好，什么都给我们安排好了，只不过要我们去美国大使馆签字，如此而已。巴鸿不去。我女儿说了一句话，我们在美国可没有炒菜的习惯，我们那个厨房不进油烟的；你要抽烟的话……

陈：抽烟要到屋外去，不能在家里抽？

李：对，就是这两句话，巴鸿就不想去。“我去受这个罪？”这是一个。巴鸿还有原因：“我一下飞机就伸手，我有美金吗？我有眼睛吗？我有嘴吗？我有脚吗？什么都没有，就会去伸手。不去！”这就是巴鸿。

陈：您自己为什么不去呢？

李：我自己？我是一个非常愿意旅游的人。我觉得非常遗憾，巴鸿也不是说你自己去吧，也没有说不让我去。我自己一个人去，有什么意思？一个人太没有劲了。我去了之后，我女儿、女婿上班，我就一个人待在家里。跟他的姐姐，说老实话，那还是有隔阂的。就是因为这个，

---

① 指的是采访所在地，即受访者家的客厅。

我也没去。因为去美国的人太多了，总是跟我说，美国没有什么意思，除了高楼大厦还有什么？巴鸿的姐姐也跟我说，说好莱坞不就是一个电影厂吗？只是一个地名而已，好莱坞就像北影一样，除了这个之外没有什么。那个时候羡慕人家有车，自己有房子，有钞票，这个不是我希望的。最遗憾的，我没有去西欧法国，我最想去的是人称花园国的瑞士。

陈： 您晚年生活条件不错，为什么不去呢？

李： 是，现在我的身体已经不允许了，现在不行了。去年，夏衍的女儿，他们去了东欧回来，这一下我的心动了。我可以不坐飞机，我可以到了哈尔滨，一直可以坐火车，都可以去。我就在报纸上注意——我订的《老年文摘》，有这样的旅游团，我都会参加去的。

陈： 您到过东南亚，那是什么情况？

李： 我去了。我最喜欢的不是泰国，我最喜欢的是马来西亚。为什么喜欢马来西亚？绿化得太好了。人家马来西亚的公园，全部是热带的植物，那是我没有看见过的。而且这么一路，到那里以后，就不是飞机了，就是坐大面包车，我没有看见路旁边有黄土，都是绿色的。这个对我来讲非常喜欢。我喜欢新加坡的地铁，不像我们地铁这么拥挤，这么乱糟糟，它有一套玻璃门隔离，永远不会像我们有人一下掉下去这样的事件。我去的那个年代，新加坡有地铁，我们没有。这个给我的印象深。新加坡还有一个好，就是海底公园的旅游好过香港的海洋公园。香港的海洋公园里头，你自己得绕一圈子，自己得走；新加坡不是，你就站在那儿，电动的，带你在海底游一遍。

我最不喜欢的是泰国。我觉得这个国家为了自己挣钱，把人不当人，人妖是一个例子，从 10 岁就要变性，就要做这一类的训练，我觉得太违反人性，太残酷了。还有一个我最不能接受的，那天晚上说今天有气功表演，我高兴极了，我就喜欢气功，我一看，完全是跟我想的两回事，那不叫人。一个女人可以从阴道里面拿出你所想象不到的东西，一串刀片，一个可以点燃的蜡烛，拿出这些东西来。我实在是看不下去了，那些看的人还叫好，我忍受不了。觉得人的尊严，人最起码的羞耻都没有，男女性交，从头到尾，一丝不挂。这是所有的旅游团都去的，泰国最叫座的节目。还有鳄鱼，一个人头伸到鳄鱼嘴里头，把他给吃掉，这个我可以接受；还有大象表演，鼻子卷进一个人来怎么样，一个人躺在地下，大象迈过去，这些我觉得都还可以接受。唯独前面说的这两个节目，我不能接受，我觉得泰国的旅游节目太残酷了。

关于旅游的话题我还有补充，我跟巴鸿60多年，不能说我跟巴鸿一点福没有享过，这不全面，不对。不是巴鸿直接给我的这些享受，是通过巴鸿，我偏得了，沾光了。除了西北没有去以外，全中国最有名的景点没有我没去过的，全部是巴鸿的姐姐带着他的全家，巴鸿的弟弟、弟妹，巴鸿的妹妹、巴鸿、我，永远是这些人。只是哪里没有去过呢？除了西北、张家界、九寨沟没有去过，为什么呢？一个是难走，怕巴鸿的姐姐吃不消；最主要的一个，没有五星级的饭店，没有可以接待巴鸿姐姐那样的一个饭店，所以没有去。我借巴鸿的光，否则我没有这个条件进行这样的旅游，我没有坐过硬卧之类的。坐过一次软卧，巴鸿姐姐还哭了一次，一早，服务员清扫，当着巴鸿姐姐的面，抖了一个被子，巴鸿姐姐这一辈子有谁敢当她的面这么抖？那些灰她几时碰到过？从此以后，别提坐火车了，全是飞来飞去，飞机下来就是小车在这儿等着。还有一次，是国际游轮，从南京出发一直到重庆，要去看三峡，印象最深的是小三峡，真是美，真是惊险。那个小三峡给我的印象，还记得，就是边上最高处，有几个棺材，棺材究竟是怎么上去的？我去的那年，他们给我介绍，都还没有研究出来到底是如何上去的，就说我们古代人的聪明、智慧。游三峡，把巴鸿的姐姐喜欢到什么程度呢？她不是有两个儿子吗？一个大儿子已经死了，我讲过了。还有一个儿子，小儿子，从来没有来过祖国，一句中国话也不会说，就因为要她儿子看这个小三峡，一个电报回去，飞机来，游这个小三峡，游完了再回去。

陈：您不是说您也喜欢《激情燃烧的岁月》？

李：对，太少有了。有几个《激情燃烧的岁月》？还有两部电视剧是我喜欢的，我现在名字说不出来，这两个电视剧也是不错的。那些婆婆妈妈、家庭琐碎的，我认为这是乱七八糟的，有什么教育意义？对年轻人，究竟让他们学什么？有什么思想性？有什么艺术性？也许是我们那一年代所留下来的概念，一个艺术形象是好的还是坏的，有这样的概念。

陈：电影方面呢？

李：因为我的眼睛很不好，青光眼、白内障、眼底黄斑，大夫告诉我了，电影院你一定不能去。去了电影院，黑了，眼压马上升高。我是有特殊观摩电影的那个卡，我那个卡今天给了这个，明天给了那个，给了谁我都不知道。所以电影我几乎没有什么接触。

陈：话剧方面呢？

李：我不瞒你说，现在盖起来的国家大剧院，人家就说我了，你干了一辈子话剧，你应该去看看。我自己完全可以去，也没有抽出时间，也没有有兴趣的人陪我去。我是已经有这么一个决心，在我走以前，无论如何要去看一看。

陈：您对年轻艺人有什么样的建议吗？

李：这个，年轻人听见的话。就要打我了。我觉得一个真正的艺术家，不是靠年轻漂亮，不是有一个脸蛋，不是有人捧你，昙花一现；而是要你自己真正有一点文学修养，有你自己一定的理想，有你真正的演技，这才是我们应该走的路。靠着一个老板有钱，把你捧出来，对于这样的人，我一眼也不要看。

对人生的简单小结

陈：最后一个问题。请您对您自己过去的87年人生做一个总结。

李：我已经早总结过了。我只是一个很普通的，很平常的这么一个工作人员。没有出现过《早春二月》《青春之歌》这样惊人的艺术作品。但是我这一生没有离开过表演艺术，演员也罢，教书也罢，导演也罢，我没有走错过一步。我没有演过任何对国家不利的影片或戏剧，这么平平常常走了87年。

现在有这位张女士，张淑玲[1]陪伴着我，我们相依为命，虽然她做着家政的工作，实际上是我一个很好的伴侣。她把我照顾得很好，她已经答应，大妈你放心，我不把你送走，我不走；你走了，任何一家我也不去了。

我已经告诉了她，也告诉了我儿子，就是还没有跟老干部处说，我走了之后，不举行任何仪式，遗体告别更是不要。除了跟我所熟悉的、老的，不能动了的，年轻的人知道李露玲是谁吗？不要自找无趣，不要给组织上找麻烦。我走了以后，我儿子把我的骨灰烧掉。巴鸿的骨灰在香港，我儿子保留了。我们都说好了，我走了以后，烧了以后，把骨灰带到香港，两个骨灰，要我的儿子撒入香港海里。因为什么呢？我们在香港工作过一个阶段，我跟巴鸿在香港正式结婚，我在香港正式生了我的儿子。儿子也表示了，你们走了，我不会再回来了，带到香港去了。我说我选择了海上，回归自然，足矣。如果我走的那一天，陈墨同志你有这个兴趣，有这个时间来的话，有人说要开追悼会的话，来提醒他一声，

① 张淑玲女士是李露玲老师家的保姆。

你说露玲同志在我访问她的时候，有过这样的遗言，不准开一切的会议。

陈：巴鸿老师也是这么说的，老干部处征求您的意见……

李：因为巴鸿跟我不一样。他那个年代，会有我这样年岁的人还走得动；我走的那一天，我这一代人都走了，哪儿有第二个陈墨有这个兴趣？没有了。

陈：好吧！谢谢您，李老师，谢谢！

采访手记

认识并采访李露玲老师，机缘难得。有一天，从北京电影学院吴青教授的电话中获悉，2010 年 11 月 9 日，电影学院陈文静等原表演艺术研究所出身的老师和同学将要为陈波儿扫墓。我立即通知了“中国电影人口述历史”采访团队，并设法与老人们商量，希望能随队拍摄，并请他们在活动结束后到电影艺术研究中心，做一次针对表演艺术研究所师生的集体采访。在这次集体采访中，我第一次见到李露玲老师，老人家当时已有 87 岁，身患癌症十多年，坐轮椅出席了集体采访活动。我和同事当即商定，尽快对李露玲老师做口述历史采访。

2010 年 11 月 12 日我去北影李老师家，对她进行了预访；11 月 14 日再去她家，进行第二次预访，随后写出采访提纲征求意见稿，并与她商定采访时间、地点、频率等细节。决定 2010 年 12 月 2 日开始正式采访，除休息日外，采访连续进行，每次采访时间 2 小时。最后一次采访时间为 2010 年 12 月 11 日，总计 9 次，共 18 小时。北师大艺术系在读研究生丰云鹏担任摄像、录音。同事苗禾曾一度到采访现场旁听，帮助拍摄照片，并就音乐史的若干问题向李老师发问。

李露玲老师年事已高，身体也不是很好，好在心理健康、头脑清晰，精力充沛、诚恳坦荡，且有主见。在预访对话中即显示出活泼幽默、主动积极的性格特征，她表示，在正式采访时，一定努力做到知无不言、言无不尽。虽然李老师的概念记忆似乎强于形象记忆，对生平经历的细节记忆不如情节记忆那么清晰和丰富，但 18 小时的采访，听老人家讲述其坎坷跌宕的人生，收获惊喜与感动颇多。

其后一年间，我和李露玲老师曾通过几次电话，老人家问及采访录音整理及对她的《访谈录》编选事，因我和同事都忙于手头工作，暂时无暇顾及。2012 年下半年采访北影导演赵元老师时，得知李露玲老师已于年初逝世，深感震动，更有无法言表的愧疚。2013 年，我将《李露玲访谈录》整理出一部分，发表于《人民艺术家》杂志，纪念她诞辰 90 周年。

需要说明的是，无论是此前发表的访谈录简编，还是现在发表的长卷，访谈录编纂文稿都已无法请老人家亲自过目。如有问题，当由编纂者负责。

编后记

这本书终于要与读者见面了。有一些问题，要作交代。

首先是，这本书为什么这么单薄？原因很简单，这本书已经不是七年前的那本书了。七年前，我把《黄素影访谈录》《李露玲访谈录》，以及一份有关巴鸿的历史文献编纂成书，取名《沧桑剪影》。由于种种原因，《沧桑剪影》不能按原样出版，有关巴鸿的历史文献未能与读者见面，余下部分一分为二。黄素影访谈录用了《沧桑剪影》这个书名，李露玲访谈录就变成了《沧海萍踪》。

口述历史采访和编纂，向来面临几种不同选择。一是对重要历史人物和社会名人作采访，并编纂传播；另一种选择则正好相反，专门采访历史边缘人物和社会中“沉默的大多数”，让沉默者借口述历史发出自己的声音。“中国电影人口述历史”项目的选择是兼收并蓄：既采访要人和名人，也采访普通的边缘人物和籍籍无名者。在丛书编辑时，也尽量兼顾不同维度和不同层级的声音。

口述历史这个概念，用得多了，容易望文生义，有人甚至不假思索，认定口述历史就是且只能是历史学的分支。这样做，不免会忽略真问题：口述历史工作，应是对个人记忆的开发和利用。如果我们足够聪明，就会懂得：一切个体的记忆都值得保藏，生命个体的一切记忆都值得倾听并记录。

“中国电影人口述历史”项目重点在中国电影人，而不仅限于电影故事。受访的老电影人，可能是早期地下党人、抗日战争老战士，新中国成立后才成为电影从业者。进而，他们是新中国政治运动的亲历者和见证人，由此可理解其中许多人为何蹉跎岁月、长期无法从事电影业务活动。同时，他们是儿或女、夫或妻、父或母，他或她的人生经历和记忆中，不仅包含了丰富的历史信息，也包含了丰富的心理信息和社会信息。其中的有些信息，现在的人或许不懂，那也没关系，相信未来自有知音人。

李露玲老人名气不大，成就也不高，却是有“有故事”的人。她与作家路翎、音乐家姚牧、电影人巴鸿的情感与婚姻经历，曲折跌宕的人生剧情，背后是中国抗战文化史及新中国社会史的真相。朋友路翎成了“胡风分子”，丈夫巴鸿又成了“右派分子”，决定了主人公李露玲“沧海萍踪”的命运，从北京发配到沈阳，从沈阳发配到朝阳，从朝阳发配到北票，当真是一路坎坷。李露玲并未屈服，更未沉沦，似是愈挫愈奋，又似乎傻呵呵的根本不懂得天地玄黄和人间险恶。

决定采访李露玲老人，并将她的故事编纂成书，当然是因为她本人的精彩故事，且愿意与我们分享她们的故事。同时也有一个心愿，那就是让已经逝世的巴鸿成为李露玲口述历史的隐秘主人公。巴鸿原名李孔昶，安徽寿县人，抗战时参与话剧工作，亦曾在香港演电影。他受地下党指派，参与抗战情报工作，为抗日战争立下汗马功劳。新中国成立后，他的最大功绩，是作为陈波儿的助手，参与了中央电影局所属表演艺术研究所（北京电影学院前身）的筹办。巴鸿的经历让人一唱而三叹。只可惜，巴鸿于2006年逝世，那时“中国电影人口述历史”工程尚未正式开工，我们无法直接采访到巴鸿老人。原本想让李露玲老人的口述，和有关巴鸿的历史文献相互印证，这个愿望已无法实现。

或许，生性豁达而幽默的巴鸿，并不在乎身后之名。他取艺名巴鸿，就已经透露了参悟生死的消息。苏东坡诗云：人生到处知何似，应似飞鸿踏雪泥。泥上偶然留指爪，鸿飞那复计东西。巴鸿老人鸿飞冥冥，无意于人间成败得失，作为后人，我们又岂能无情无智、无德无知？所以，我们做中国电影人口述历史。

最后要说明的是，这部书没有经过受访人李露玲老人亲自审订。原因如《采访手记》所述，本书编纂时，李露玲老人已去世了，审订访谈录文稿无从谈起。好在，老人曾给中国电影资料馆签署授权书，让我们照章编纂。

未经本人审订的文稿，难免会有遗憾，例如，有些人名、地名、细节无法认定或进一步考证；内容的删减无法与口述人商量，信息的补充更无法可施。

当然，这样做也有一个好处，是可以按照口述历史的“口述性”即其口语特征，进行编纂。